**JUAN CARLOS
MARTÍNEZ BERNAL**
COMPILADOR

100 INVESTIGACIONES EN EMDR, EFT, CF, PNL Y MÁS

Segunda edición

100 Investigaciones en EMDR, EFT, CF, PNL y más.
Segunda edición.
Publicación Independiente.
Juan Carlos Martínez Bernal.
Derechos reservados.
Agosto de 2020.

Contenido

PRÓLOGO A LA SEGUNDA EDICIÓN

A casi un año de publicada la primera edición de esta compilación, surge esta segunda, en la cual encontrarás ya 130 investigaciones, hechas en el año 2020 y también en otros años, de este y del anterior siglo, sobre las temáticas abordadas en esta obra. Esta versión mejorada y aumentada también es de colección y para consulta frecuente de sus más de 220 páginas.

Otro de los objetivos para esta segunda edición consistió en actualizar o reemplazar los links caídos de algunas investigaciones, además de agregar otros más, incluyendo links (legales) a la investigación completa. Y en la gran mayoría de investigaciones se proporciona el link DOI (Digital Object Identifier) que es un identificador único y permanente para las publicaciones electrónicas.

Las temáticas de Psicología Energética, EFT, Constelaciones Familiares, EMDR y otras, son de las que muy pocas se dan a conocer en libros en idioma español sobre investigaciones psicológicas y terapéuticas realizadas en el mundo.

Lo que suele suceder -todavía- es que unos pocos que tienen el control de universidades, Colegios de Psicólogos o Asociaciones se promulguen en hacer afirmaciones sesgadas y alejadas de una mentalidad abierta. Más bien, se pronuncian negando o desconociendo las investigaciones que se han hecho al respecto de las temáticas ya señaladas.

Esta obra de compilación pretende ser un megáfono para compartir las investigaciones serias y formales, muchas veces con los requisitos de científicas, publicadas en revistas de prestigio, y que en los resultados se obtienen números y conclusiones sorprendentes…para los que desconocían la seriedad de esas técnicas.

Y esos resultados no pueden ser tapados por los dedos o los prejuicios de los escépticos, que suelen ser psicólogos o terapeutas de modelos distintos a los que se muestran en esta obra.

Seas creyente, practicante o escéptico de cualquier técnica o modelo, los resultados ahí están, sobre todo en las investigaciones, más que en los juicios o prejuicios. Valdrá la pena que contrastes esto con tus experiencias.

Manzanillo, Colima, finales de agosto de 2020

1.-INTRODUCCIÓN

"Se sabe que el público recurre en masa a enfoques que posteriormente han demostrado no ofrecer ningún beneficio excepto para quienes los promueven, y con más de 400 enfoques terapéuticos identificados, la información válida es fundamental para tomar las decisiones más prometedoras".

David Feinstein (2018)

Fuente: https://energypsychologyjournal.org/abstracts/abstracts-volume-10-number-1-may-2018/energy-psychology-american-psychological-association/

Comenta Fred Gallo (2018): *"Psicología Energética, un término acuñado con la publicación de mi primer libro profesional en 1999, Psicología Energética: Exploración en la Interfaz de la Energía, Cognición, Comportamiento y Salud. Sin embargo, la idea había estado resonando durante algún tiempo antes de ese libro, implícita en el trabajo del Dr. Roger Callahan e insinuada en algunos de mis artículos y talleres en los Estados Unidos y Canadá a partir de 1993".*

Fuente:

https://energypsychologyjournal.org/abstracts/abstracts-volume-10-number-1-may-2018/looking-back-energy-psychology-2018-early-pioneers-perspective/

¿Para qué este libro?

Para compartir lo que muy pocos se han tomado la fatiga de muchas horas de buscar lo referente a los datos duros de estudios sobre tratamientos psicológicos/psicoterapéuticos/energéticos.

Para responder a las críticas infundadas e ignorantes de colegas que solamente desacreditan sin conocer los avances que hay en las investigaciones científicas sobre este tipo de tratamientos, o que solamente repiten lo que otros les dicen.

¿Qué contiene este libro?

Resúmenes (*abstracts*) de estudios e investigaciones, además de varios Metaanálisis, y otro tipo de información, sobre tratamientos como **EMDR, EFT, TFT, TAT, Terapia Gestalt, Brain Gym, Reiki, Acupuntura, Psicoterapias basadas en el cuerpo, Constelaciones Familiares, PNL, Psych-K y Access Bars**.

¿Por qué este libro?

Métodos milenarios como Reiki y Acupuntura; así como los tratamientos psicológicos/psicoterapéuticos/energéticos que emergieron desde antes y después de 1990 como Tougth Fielty Therapy (TFT) de Roger Callahan; EMD (más tarde conocido como Eye Movement Desensitization and Reprocessing, o EMDR) de Francine Shapiro; y Emotional Freedom Techniques (EFT) de Gary Craig, estaban reportando beneficios testimoniales en miles de personas, sin embargo, la evidencia en estudios controlados se empezó a realizar desde la década de 1990, y en 30 años de investigación, poca gente (lega o profesional) se ha dado una vuelta a conocer los resultados de esas investigaciones, prefieren guiarse con los juicios extremos de los escépticos o de los creyentes, sin argumentar con resultados objetivos de las investigaciones realizadas.

¿Cómo hice este libro?

En este libro, este autor poco participa. Estoy siendo básicamente un compilador de investigaciones, que si las hubiera transcrito en su totalidad tendríamos un libro de más de dos mil páginas. Para quien quiera profundizar en alguna investigación se proporciona el link original para acceder a la totalidad del estudio. Es decir, no se sueltan investigaciones o afirmaciones al aire, se fundamentan. Usé el traductor de Google para traducir textos del inglés al español. Las fuentes, en su inmensa mayoría, son de prestigio, lo puedes corroborar acudiendo a la fuente original. Ejemplos de las Bases de datos o fuentes donde se encontraron publicadas o difundidas las investigaciones y meta-análisis son: PubMed Ncbi, APA Psyc Net, Researchgate, etcétera.

¿Cuáles son los antecedentes de la Psicología Energética?

Desde hace más de 30 años, está surgiendo un nuevo paradigma llamado Psicología Energética (Energetic Psychology) o Tapping. Este paradigma agrupa varias técnicas, unas más conocidas que otras, unas más estudiadas que las demás.

La Tought Field Therapy (Terapia del Campo de Pensamiento, **TFT**) es una terapia creada por Roger Callahan a principios de la década de 1980, después de que experimentara con la kinesiolgía aplicada y creara algoritmos que contienen secuencias de acupuntos para tratar diferentes transtornos psicológicos.

La Emotional Freedom Techniques (Técnicas de Liberación Emocional, **EFT**) es un conjunto de técnicas desarrollados a principios de 1990 por Gary Craig, un Ingeniero de la Universidad de Stanford, quien tuvo la brillante idea de agrupar los 14 acupuntos usados por Roger Callahan, pero sin usar el test de verificación muscular usado por este. A su técnica, Craig le agregó una frase (creencia) a trabajar psicológicamente.

La Psicología Energética combina la psicología convencional, con la kinesiología y la Digitopuntura.

Reiki, Brain Gym, Access Bars y Acupuntura (Además de Chi Kung, Shiatsu, entre otras) no forman parte de la Psicología Energética, porque en ellas no hay una intervención psicológica. Sin embargo, aquí se comparten algunas investigaciones de esas temáticas.

En (Bello, A. y Rodríguez, M., 2016) se lee: «La Psicología Energética, inspirada en la Medicina Tradicional China (M.T.C.), está conformada por un conjunto de técnicas que comienzan a utilizarse en los años 70 (Callahan, 2000).

Han proliferado hasta alcanzar la treintena de técnicas diferentes que son englobadas en este epígrafe creado por Fred Gallo, del Centro Médico de la Universidad de Pittsburgh (Church, 2009). La aparición, en 2009, de la revista Energy Psychology Journal supone la incursión definitiva de este tipo de técnicas en el mundo científico. La Psicología Energética se ha demostrado como un complemento muy eficaz en diversos contextos terapéuticos. Es usada por terapeutas de diferentes modelos. En la actualidad, las técnicas de Psicología Energética son utilizadas por psicoterapeutas de diferentes orientaciones (Lane, 2009)».

Fuente:

EMDR es un método para reprocesar traumas psicológicos. Fue creado por Francine Shapiro a finales de la década de 1980.

Quien quiera conocer más de estos tratamientos, los remito a que lean mi libro «*Técnicas Energéticas y de Integración Cerebral*» (Segunda edición), distribuido por Amazon.

Para quien no sepa, se conoce como "Meta-análisis" a una metodología de investigación ideada para revisar, ordenar y sintetizar los resultados de una pregunta de investigación. Surge de la necesidad de hacer revisiones más rigurosas y sistemáticas de la literatura científica; revisiones capaces de establecer conclusiones más precisas. Fuente:
http://www.infocop.es/view_article.asp?id=843

Este libro lo organicé de manera cronológica descendente, de tal manera que las investigaciones, meta-análisis y notas serán agrupadas por años, iniciando por el actual 2020.

A continuación, señalo los años que en este libro expongo más de 100 investigaciones, meta-análisis y/o notas sobre los siguientes tratamientos/técnicas/terapias:

PSICOLOGÍA ENERGÉTICA: 2020 (2), 2019 (5), 2017 (2), 2016 (2), 2014 (2), 2013 (1), 2012 (4), 2011 (2), 2009 (2), 2006 (1), 2004 (1).

EFT (Emotional Freedom Techniques: Técnicas de Liberación Emocional): 2020 (2), 2019 (3), 2018 (5), 2017 (2), 2016 (5), 2013 (4), 2012 (2), 2011 (1), 2010 (2), 2009 (1), 2008 (1), TFT (Thought Field Therapy, Terapia del Campo de Pensamiento): 2017 (2), 2014 (1), 2009 (1), 2001 (1), 1990 (1).

TAT (Tapas Acupressure Technique, o sea Técnica de Acupresión de Tapas): 2012 (1), 2010 (1).

PSYCH-K: 2012 (1).

ACCESS BARS (Barras de Acceso): 2017 (1), 2015 (1).

EMDR (Desensibilización y Reprocesamiento por Movimientos Oculares, acrónimo, en inglés, de Eye Movement Desensitization and Reprocessing): 2020 (4), 2019 (4), 2018 (3), 2016 (1), 2015 (2), 2014 (1), 2013 (2), 2004 (1), 2001 (1), 1999 (1).

BRAINSPOTTING (BSP, Puntos Cerebrales): 2017 (1), 2015 (3), 2014 (1), 2013 (1).

Eye Movement Integration (EMI): 2018 (1).

COACHING WINGWAVE: 2014 (1).

TERAPIA GESTALT: 2020 (1), 2019 (4), 2017 (2), 2016 (1), 2013 (1), 2011 (1), 2008 (2), 1994 (1), 1985 (1).

CONSTELACIONES FAMILIARES (CF o FCT): 2019 (3), 2018 (1), 2015 (1), 2013 (1), 2005 (2).

PSICOTERAPIAS BASADAS EN EL CUERPO: 2014 (1).

PNL (Programación Neurolingüística): 2015 (1), 2013 (1), 2012 (1), 1988 (1).

ACUPUNTURA: 2018 (2), 2012 (2), 2010 (1), 2009 (1), 2001 (1).

BRAIN GYM (Gimnasia Cerebral): 2020 (1), 2019 (1), 2017 (1), 2010 (1), REIKI: 2018 (2).

TEST BI-DIGITAL O'RING DE OMURA (DE VERIFICACIÓN MUSCULAR): 2018 (1), 2016 (1), 1993 (1).

2.- INVESTIGACIONES, METAANÁLISIS Y NOTAS DE EMDR, EFT, CF, PNL Y MÁS

***Corrección de errores: ¿Hacer tapping en los puntos de acupuntura es un ingrediente activo en las técnicas de libertad emocional? Una revisión sistemática y metaanálisis de estudios comparativos.**

Corrigendum to: Is Tapping on Acupuncture Points an Active Ingredient in Emotional Freedom Techniques: A Systematic Review and Meta-Analysis of Comparative Studies.

Dawson Church [1], Peta Stapleton [2], Kevin Kip [3], Fred Gallo [4]

Doi: https://doi.org/10.1097/nmd.0000000000001222

Abstract

Publicamos un metanálisis de ensayos de componentes de técnicas de libertad emocional (EFT) en esta revista. EFT es un método basado en la evidencia, validado en más de 100 ensayos clínicos, que utiliza el golpeteo de los dedos en los puntos de acupresión junto con técnicas de exposición y terapia cognitiva. El metanálisis examinó seis estudios en los que se utilizó un control activo, como la respiración diafragmática o los puntos de acupuntura simulados, en lugar de hacer tapping en los puntos de acupuntura reales. El propósito del metanálisis fue determinar si el tapping era un ingrediente inerte o activo en los efectos del tratamiento observados con EFT. Posteriormente a la publicación, se identificaron errores en el análisis estadístico, principalmente valores de desviación estándar incorrectos, y nuestro enfoque metodológico fue cuestionado por otros. Por lo tanto, un estadístico senior independiente realizó nuevamente el metanálisis y comparó los resultados previos a los del seguimiento para determinar los efectos sostenidos del tratamiento. Se encontró que el valor g de Hedge de efectos fijos acumulativos era 0,73 (intervalo de confianza del 95% = 0,42-1,04, p <0,0001). Los efectos aleatorios correspondientes El valor g de Hedge es 0,74 (intervalo de confianza del 95% = 0,34-1,13, p <0,0001). También revisamos y aclaramos nuestra metodología.

En conclusión, a pesar de los errores computacionales en nuestra publicación original, el presente análisis revisado apoya la conclusión original de que el componente de acupresión del protocolo EFT es un ingrediente activo que contribuye a los efectos favorables en la salud del método.

*Aprovechando un metaanálisis engañoso. No hay evidencia de especificidad de la punción del punto de acupuntura.

Tapping Away at a Misleading Meta-analysis. No Evidence for Specificity of Acupoint Tapping.

Spielmans, Glen I. PhD*; Rosen, Gerald M. PhD[†]; Spence-Sing, Tess BA

Doi: https://doi.org/10.1097/NMD.0000000000001181

Resumen

El metanálisis de Church et al. de tres estudios afirmó respaldar la especificidad del tapping en los puntos de acupuntura como técnica terapéutica en el tratamiento de problemas de salud mental. Sin embargo, nuestro análisis crítico encontró problemas metodológicos sustanciales y análisis estadísticos inexactos, que invalidan sus resultados. Específicamente, 1) dos estudios incluidos no incluyeron participantes con problemas de salud mental documentados; 2) dos estudios incluidos no aislaron específicamente el efecto del tapping en los puntos de acupuntura; 3) no se proporcionaron justificaciones claras para las medidas seleccionadas; 4) los grupos de comparación no eran terapias de buena fe; 5) no se controló la lealtad del investigador y del terapeuta; y 6) la selección de los estudios incluidos puede haber estado sesgada. Además, nuestro intento de replicar sus resultados fracasó; encontramos que el tapping en los puntos de acupuntura no fue mejor que los grupos de comparación: k = 3 estudios, d = −0,38 (intervalo de confianza del 95%, 0,10 a −0,87), p = 0,12. Concluimos que el metanálisis de Church et al. en realidad no encontró beneficios de salud mental específicos para el tapping en los puntos de acupuntura.

***¿EMDR sin terapeuta? Concepción y evaluación controlada aleatorizada doble ciego de un programa de manejo del estrés EMDR (EMDR-SBP).**

EMDR ohne Therapeuten? Konzeption und doppelblind-randomisierte kontrollierte Evaluation eines EMDR-Stressbewältigungsprogramms (EMDR-SBP).
Georg Schamber, Eva Meinicke, and Thomas Schafer.
https://www.researchgate.net/journal/1865-9985_Verhaltenstherapie_Verhaltensmedizin

Abstract

Antecedentes teóricos: La eficacia del método de psicoterapia EMDR para reducir el estrés y los síntomas del estrés ha sido probada empíricamente. La sencillez del método deja abierta la cuestión de si su eficacia requiere un marco terapéutico o si no puede llevarse a cabo con el mismo éxito que una autoaplicación. Por primera vez, se desarrolló un programa de manejo del estrés EMDR para la autoaplicación (EMDRSBP) y se examinaron sus efectos sobre los parámetros psicofisiológicos bajo estrictos estándares metodológicos.

Método: En sesiones individuales de 60 minutos, un total de 95 personas de prueba se sometieron a la prueba de estrés social de Trier (TSST) después de haber sido asignados aleatoriamente a tres grupos: (1) EMDR-SBP con estimulación auditiva bilateral, (2) EMDR-SBP simulada sin bilateral Estimulación y (3) condición de reposo simple. El grado subjetivo de estrés y la frecuencia cardíaca se registraron en varios momentos. Resultados: En comparación con las dos condiciones de control, el EMDR-SBP produjo una reducción significativa de la frecuencia cardíaca durante la intervención y una carga subjetiva significativamente menor durante el TSST.

Conclusiones: El presente trabajo sienta las bases para una importante perspectiva futura del EMDR. Los primeros resultados apoyan la eficacia de EMDR sin un terapeuta en términos de afrontar el estrés en un contexto no clínico.

***El Abrazo de la Mariposa Método de Terapia EMDR para la Autoadministración de Estimulación Bilateral.**
The EMDR Therapy Butterfly Hug Method for Self-Administered Bilateral Stimulation.
Ignacio Jarero & Lucina Artigas.

Texto completo en español:

Abstract

Este documento es la versión actualizada al año 2020 del Abrazo de la Mariposa como método de la Terapia EMDR para la Autoadministración de Estimulación Bilateral.

***Desensibilización y reprocesamiento del movimiento ocular para problemas de salud mental: una revisión sistemática y un metanálisis.**
Eye movement desensitization and reprocessing for mental health problems: a systematic review and meta-analysis.
Pim Cuijpers [1] , Suzanne C van Veen [2] , Marit Sijbrandij [1] , Whitney Yoder [1] , Ioana A Cristea [3]
Doi: https://doi.org/10.1080/16506073.2019.1703801
Texto completo en inglés:
https://www.tandfonline.com/doi/full/10.1080/16506073.2019.170380 1

Abstract

No hay un metanálisis completo de ensayos aleatorios que examinen los efectos de la desensibilización y reprocesamiento del movimiento ocular (EMDR) en el trastorno de estrés postraumático (TEPT) ni una revisión sistemática de los efectos de EMDR en otros problemas de salud mental. Realizamos una revisión sistemática y un metanálisis de 76 ensayos. La mayoría de los ensayos examinaron los efectos sobre el TEPT (62%). El tamaño del efecto de EMDR en comparación con las condiciones de control fue g = 0,93 (IC del 95%: 0,67 a 0,18), con alta heterogeneidad (I2 = 72%). Solo cuatro de los 27 estudios tuvieron bajo riesgo de sesgo y hubo indicaciones de sesgo de publicación. EMDR fue más eficaz que otras terapias (g = 0,36; IC del 95%: 0,14-0,57), pero no en estudios con bajo riesgo de sesgo. También se encontraron resultados significativos para EMDR en fobias y ansiedad ante los exámenes, pero el número de estudios fue pequeño y el riesgo de sesgo alto. EMDR se examinó en varios otros problemas de salud mental, pero para ninguno de estos problemas, se disponía de suficientes estudios para agrupar los resultados. EMDR puede ser eficaz en el tratamiento del PTSD a corto plazo, pero la calidad de los estudios es demasiado baja para sacar conclusiones definitivas. No hay suficiente evidencia para recomendar su uso en otros problemas de salud mental.

***Desensibilización y reprocesamiento del movimiento ocular (EMDR) para el tratamiento de la psicosis: una revisión sistemática.**
Eye Movement Desensitization and Reprocessing (EMDR) for the treatment of psychosis: a systematic review.

Rosie Adams [1] , Sally Ohlsen [2] , Emily Wood [2]

Doi: https://doi.org/10.1080/20008198.2019.1711349

Texto completo en inglés:
https://www.ncbi.nlm.nih.gov/pmc/articles/PMC7144286/

Abstract

Antecedentes: La psicosis es un problema de salud pública. Cada vez hay más evidencia sugiriendo que el trauma puede desempeñar un papel fundamental en el desarrollo y mantenimiento de la psicosis. La desensibilización y reprocesamiento por movimiento ocular (EMDR en su sigla en inglés) es un tratamiento efectivo para el trauma y podría ser una adición vital al tratamiento de la psicosis.

Objetivo: explorar la evidencia de EMDR como tratamiento para la psicosis, enfocándose en la seguridad, efectividad y aceptabilidad de esta intervención para esta población.

Métodos: Se realizaron búsquedas sistemáticas en cuatro bases de datos (Cochrane, EMBASE, MEDLINE PsychINFO) y la Biblioteca Francine Shapiro, junto con literatura gris y listas de referencias de artículos relevantes. No se aplicaron límites de fecha ya que esta es un área con evidencia emergente. Los estudios se seleccionaron determinando su elegibilidad según los criterios de inclusión y exclusión. Los estudios incluidos fueron evaluados de acuerdo a su calidad y los datos se extrajeron de los estudios individuales y se sintetizaron utilizando un enfoque de síntesis narrativa.

Resultados: Seis estudios cumplieron los criterios de inclusión (1 ensayo controlado aleatorio, 2 estudios piloto, 2 series de casos y 1 informe de caso). En todos los estudios, EMDR se asoció con reducciones en los síntomas delirantes y negativos, el servicio de salud mental y el uso de medicamentos. La evidencia de reducciones en las alucinaciones auditivas y el pensamiento paranoico fue mixta. No se informaron eventos adversos, aunque se observaron aumentos iniciales en los síntomas psicóticos en dos estudios. Las tasas promedio de abandono en los estudios fueron comparables a otros tratamientos centrados en el trauma para el TEPT. La aceptabilidad de EMDR no se midió ni informó adecuadamente.

Conclusión: EMDR parece una intervención segura y factible para personas con psicosis. La evidencia es actualmente insuficiente para determinar la efectividad y la aceptabilidad de la intervención para esta población. Se requieren ensayos confirmatorios más grandes para formar conclusiones más sólidas.

***Efecto de las Técnicas de Liberación Emocional sobre los síntomas de la ira en pacientes con Hwabyung: una comparación con la técnica de relajación muscular progresiva en un ensayo piloto controlado aleatorio.**
Effect of the Emotional Freedom Techniques on anger symptoms in Hwabyung patients: A comparison with the progressive muscle relaxation technique in a pilot ransomized controlled trial.

Author links open overlay panel Hui-YongKwak[a]Eun-JiChoi[b]Jong-WooKim[cd]Hyo-WeonSuh[a]Sun-YongChung[cd]
Doi: https://doi.org/10.1016/j.explore.2019.08.006
Texto completo en inglés:
https://www.researchgate.net/publication/335387948_Effect_of_the_Emotional_Freedom_Techniques_on_anger_symptoms_in_Hwabyung_patients_A_comparison_with_the_Progressive_Muscle_Relaxation_technique_in_a_pilot_randomized_controlled_trial/fulltext/5e6be3c2a6fdccf994c64dba/Effect-of-the-Emotional-Freedom-Techniques-on-anger-symptoms-in-Hwabyung-patients-A-comparison-with-the-Progressive-Muscle-Relaxation-technique-in-a-pilot-randomized-controlled-trial.pdf?origin=publication_detail

Resumen
Contexto
Hwabyung es una enfermedad psicosomática resultante de la supresión de la ira durante un período prolongado. Las Técnicas de Liberación Emocional (EFT) son psicoterapia basada en meridianos que cura muchas enfermedades psicosomáticas, y la relajación muscular progresiva (PMR) es un método terapéutico que alivia la tensión física y psicológica mediante la tensión y relajación repetidas de los músculos.

Objeto
En este estudio, comparamos los efectos de EFT y PMR en pacientes con Hwabyung.

Diseño

Se inscribieron y aleatorizaron 40 pacientes para recibir 4 semanas de sesiones grupales con EFT (n = 20) o PMR (n = 20). Las evaluaciones se realizaron antes y después del tratamiento y en los seguimientos de 4 y 24 semanas después del final de la sesión.
Las principales medidas

La Escala de Hwabyung, la Escala Visual Analógica de Síntomas de Hwabyung (VAS-HS), el Inventario de Depresión de Beck (BDI), el Inventario de Ansiedad de Rasgo de Estado (STAI) y el Inventario de Expresión de Ira de Rasgo de Estado (STAXI) se administraron como herramientas de autoinforme. El análisis excluyó a 8 pacientes que nunca acudieron a tratamiento y 1 paciente que cumplía los criterios de exclusión.
Resultado

EFT (n = 15) y PMR (n = 16) mejoraron los síntomas de Hwabyung (−13,95% y −11,46%, respectivamente), el estado de ansiedad (−12,57% y −12,64%, respectivamente) y la depresión (−32,11% y - 18,68%, respectivamente) (p <0,05 para todos). El rasgo de ira mejoró en el grupo de EFT (−13,4%, p = 0,004). No hubo diferencias significativas entre los grupos (p> 0.05) excepto por el rasgo de ira en el postratamiento (p = 0.022 entre los grupos). No se informaron eventos adversos durante el estudio.

***Efectos psicológicos y factores asociados de COVID-19 en una muestra mexicana.**
Psychological Effects and Associated Factors of COVID-19 in a Mexican Sample.
Nadia Yanet Cortés-Álvarez, PhD; Regino Pineiro-Lamas, PhD; César Rubén Vuelvas-Olmos, MSc
Doi: https://doi.org/10.1017/dmp.2020.215
Texto completo en inglés:
https://www.cambridge.org/core/services/aop-cambridge-core/content/view/7F6A1DB36F91BA6957BF1D0743F683B4/S1935789320002153a.pdf/psychological_effects_and_associated_factors_of_covid19_in_a_mexican_sample.pdf

Abatract

Objetivos: La enfermedad por coronavirus 2019 (COVID 19) es una nueva zoonosis viral de preocupación mundial que podría causar secuelas psicológicas. Examinamos los niveles de angustia psicológica, ansiedad, depresión y estrés durante el brote de COVID-19 en una muestra mexicana.

Métodos: Se aplicó una encuesta en línea que recopiló información sobre el estado demográfico y financiero, datos, estado físico, historial de contacto, conocimientos, inquietudes y medidas de precaución COVID-19. Se incluyeron la escala de impacto de eventos revisada y la escala de depresión, ansiedad y estrés.

Resultados: Un total de 50,3% de los encuestados calificaron el malestar psicológico como moderado-severo; 15,7% reportado síntomas depresivos moderados-severos; El 22,6% informó síntomas de ansiedad moderados a graves; y 19,8% informaron niveles de estrés moderado-severo. Sexo femenino, mayor edad, estado de divorciado, falta de confianza relacionados con la seguridad de la prueba, menor satisfacción de la información de salud relativa a COVID-19, antecedentes de contacto directo o indirecto con un caso confirmado de COVID-19, vive con solo otra persona y gasta > 9 h / d en casa se asociaron con una mayor angustia psicológica y / o mayores niveles de estrés, ansiedad, y depresión. Por el contrario, las medidas de precaución, como la higiene de las manos y el uso de máscaras, fueron asociado con niveles más bajos de angustia psicológica, depresión, ansiedad y estrés.

Conclusiones: El brote de COVID-19 produce efectos psicológicos considerables entre la muestra mexicana.

Nadia Cortés Álvarez, egresada del doctorado en Ciencias Médicas y César Rubén Vuelvas Olmos, alumno del mismo doctorado de la Facultad de Medicina de la Universidad de Colima, realizaron un estudio en mil 105 personas de los 32 estados de la república, con la idea de identificar los efectos inmediatos del confinamiento en la población mexicana, justo una semana después de que la Secretaría de Salud Federal hiciera la declaratoria de emergencia sanitaria.

Los resultados de dicho estudio: "Psychological Effects and Associated Factors of COVID-19 in a Mexican Sample" (Efectos psicológicos y factores asociados de COVID-19 en una muestra mexicana), publicado en la revista Disaster Medicine and Public Health Preparedness (Medicina para desastres y preparación para la salud pública), demostraron que el confinamiento sí tuvo un impacto alto y evidenció, al igual que la enfermedad de COVID-19, que la salud emocional no distingue edad o clases sociales, y se manifiesta de distintas maneras en cada persona.

Los jóvenes investigadores realizaron su análisis con instrumentos diseñados para medir la depresión, ansiedad y el estrés. Los resultados arrojaron que el 15.7 por ciento presentaba síntomas de estrés moderado a severo, el 22.6 por ciento presentó ansiedad de severa a moderada y el 19.8 por ciento informó niveles de estrés de moderados a severos. Entre los grupos de población que presentaron mayor afectación psicológica está el de las mujeres, el de personas de la tercera edad, los divorciados y las familias compuestas por más de dos hijos.

De acuerdo con los investigadores, la pandemia dejó ver que la orientación psicológica en el sector salud en México está desatendida, pero que también los mexicanos siguen pensando que quienes solicitan ayuda de este tipo tienen algún trastorno, "pero esto no es así; la pandemia nos ayudó a ver que la depresión, la ansiedad o el estrés son normales, más comunes de lo que pensamos y que todos los sufrimos en mayor o menor medida. Es muy importante que empecemos a normalizarla, porque la salud emocional es igual de importante que la salud física".

***La posibilidad del uso de Kinesio Taping en enfermedades internas, oncológicas y neurológicas: revisión sistemática y metanálisis.**

The possibility of the use of Kinesio Taping in internal, oncologic, and neurologic diseases: a systematic review and meta-analysys

EdytaKrajczy[b]KatarzynaBogacz[a]JacekŁuniewski[a]DanutaLietz-Kijak[c]JanSzczegielniak[a]

Doi: https://doi.org/10.1016/j.explore.2019.07.017

Texto completo en inglés:

Resumen

Objetivos

Esta revisión sistemática tuvo como objetivo presentar el conjunto de conocimientos actual sobre Kinesio Taping (KT) como método de tratamiento para pacientes con enfermedades internas, oncológicas y neurológicas.

Fuentes de datos
PubMed, MEDLINE, CENTRAL (Biblioteca Cochrane), EMBASE Excerpta Medica y Google Scholar.

Selección de estudios

Los artículos se identificaron mediante búsquedas de términos en bases de datos de investigación digitales. Sobre la base de la revisión de los 152 artículos de investigación disponibles, se seleccionaron 12 artículos sobre enfermedades internas, oncológicas y neurológicas. Dos de los autores de esta revisión, trabajando de forma independiente, seleccionaron los artículos que se incluirían en la muestra analizada, realizaron una evaluación del riesgo de sesgo y evaluaron la calidad de la evidencia para los efectos principales utilizando el enfoque de Puntaje de Validez Interna (IVS) (PEDro). Se utilizó una versión simplificada del sistema Oxford Center for Evidence-Based Medicine (OCEBM) para evaluar la evidencia.

Extracción de datos

Dos revisores independientes leyeron el texto completo de cada estudio relevante para extraer los datos. La base de datos recopilada se sometió a un procesamiento matricial. Los vectores variables para las categorías analizadas individualmente se designaron y utilizaron en el metanálisis.

Síntesis de datos

Hay pocos ensayos controlados aleatorios prospectivos sobre el TR que incluyan una cohorte suficientemente grande. Solo algunos de los artículos revisados que discuten los principios de KT cumplieron con los criterios de una investigación científicamente rigurosa.

Conclusiones

Encontramos alguna evidencia para apoyar el uso de KT en la práctica clínica en pacientes con enfermedades neurológicas, oncológicas e internas. Sin embargo, es necesario realizar más ensayos clínicos sobre la eficacia del uso del método KT.

*Las neuronas espejo y la relación terapéutica en la Terapia Gestalt.

The mirror neurons and the therapeutic relationship in Gestalt Therapy.
Luciane Patricia y Mayara Carvalho.
https://www.researchgate.net/deref/http%3A%2F%2Fdx.doi.org%2F10.26823%2FRevistadoNUFEN.vol12.n%C2%BA02artigo70
Doi: http://dx.doi.org/10.26823/RevistadoNUFEN.vol12.n°02artigo70
Texto completo en portugués:
http://pepsic.bvsalud.org/pdf/rnufen/v12n2/a09.pdf

Abstract

Considerando la importancia de la relación terapéutica para la realización de un proceso psicoterapéutico, este artículo presenta los hallazgos sobre las neuronas espejo y su participación en este proceso. Para ello desarrollaremos este trabajo a partir del punto de vista ecológico en la Terapia Gestalt, seguido de la presentación teórica sobre las neuronas espejo, el lenguaje corporal y emocional, la relación terapéutica en la terapia Gestalt y, finalmente, tejiendo una aproximación sobre el lugar de las neuronas espejo en el proceso de relación terapéutica en la terapia Gestalt para provocar una mirada a este subgrupo de neuronas y su participación potencialmente poética en lo que constituye un terreno sagrado en la terapia Gestalt: la relación entre persona y persona.

***Beneficios del Brain Gym (BR) como intervención de enfermería para mejorar la calidad de vida (qol) de las damas dimensionales.**

Manfaat Brain Gym (BR) sebagai intervensi keperawatan dalam meningkatkan quality of life (qol) lansia yang mengalami dimensia.

Hyan Oktodia Basuki*and Hanim Nur Faizah

Doi:
https://www.researchgate.net/deref/http%3A%2F%2Fdx.doi.org%2F10.32660%2Fjpk.v6i1.445

Texto completo en inglés:
https://www.researchgate.net/publication/342125609_The_Effect_of_Brain_Gym_on_the_Learning_Concentration_of_Student_in_STIKES_NU_Tuban/fulltext/5ee376eb458515814a584270/The-Effect-of-Brain-Gym-on-the-Learning-Concentration-of-Student-in-STIKES-NU-Tuban.pdf?origin=publication_detail

Abstract

Introducción: La concentración es un aspecto importante para que una persona logre el aprendizaje y está relacionado con la capacidad de trabajo del cerebro. El rendimiento máximo del cerebro aumenta la concentración, por lo que también se producen cambios en partes del cerebro, por lo que habrá una disminución en el nivel de concentración. Objetivo: El propósito de este estudio es comparar la influencia de la Gimnasia Cerebral en el aprendizaje de los estudiantes en STIKES NU Tuban. Método: El diseño de este estudio fue Cuasy Experimental mediante el diseño de un pretest-postest con un grupo de control. La muestra utiliza un muestreo aleatorio sistemático tomado por 26 encuestados (13 encuestados del grupo experimental y 13 encuestados del grupo de control). Recolección de datos mediante cuestionario. Análisis mediante la prueba de Mann Whitney. Resultados: Se obtuvieron resultados Asymp. Sig. = 0,000 lo que significa la ayuda de la composición de la gimnasia cerebral para la concentración del aprendizaje de los estudiantes. Discusión: Ofrecer una intervención de gimnasia cerebral como rompehielos puede ser una buena contribución a la concentración del aprendizaje de los estudiantes. El Brain Gym se puede aplicar a los estudiantes, justo antes de que comience la lección o en medio de la lección, y el tiempo de implementación es de aproximadamente 10-15 minutos.

***Las estrategias de medicina integradora y de estilo de vida deben incluir Conexión a tierra (grounding): Revisión de la evidencia de la investigación y observaciones clínicas.**

Integrative and lifestyle medicine strategies should include Earthing (grounding): Review of research ecidence and clinical observations.

WendyMenigoz[a]Tracy T.Latz[b]Robin A.Ely[c]CimoneKamei[d]GregoryMelvin[e]DrewSinatra[f]

Doi: https://doi.org/10.1016/j.explore.2019.10.005

Texto completo en inglés:
https://www.sciencedirect.com/science/article/pii/S1550830719305476

Destaca

La conexión a tierra conecta a las personas con la energía curativa natural de la Tierra.

Reduce la inflamación, el dolor y el estrés; mejora el flujo sanguíneo, el sueño y la vitalidad.

La conexión a tierra es una adición de estilo de vida simple y profunda, que no requiere esfuerzo ni dieta.

La conexión a tierra es un factor GROSAMENTE pasado por alto en la salud y la curación.

Los profesionales sanitarios deben recomendar la conexión a tierra a los pacientes.

Resumen

La conexión a tierra (también conocida como grounding) se refiere al descubrimiento de que el contacto corporal con la carga eléctrica natural de la Tierra estabiliza la fisiología en los niveles más profundos, reduce la inflamación, el dolor y el estrés, mejora el flujo sanguíneo, la energía y el sueño, y genera un mayor bienestar. siendo. Estos efectos son profundos, sistémicos y fundamentales y, a menudo, se desarrollan rápidamente. La puesta a tierra es tan simple como caminar descalzo al aire libre y / o usar sistemas económicos de puesta a tierra en interiores mientras duerme o está sentado, prácticas que restauran una conexión eléctrica perdida y necesaria con la Tierra. Unos 20 estudios hasta la fecha han reportado evidencia intrigante de mejoras fisiológicas amplias y significativas cuando el cuerpo está conectado a tierra versus no conectado a tierra. La investigación, junto con numerosos informes anecdóticos, demuestra que Earthing claramente merece ser incluido en la práctica clínica de la medicina preventiva, alternativa y de estilo de vida y tiene un gran potencial para hacer que estos enfoques sean más efectivos.

Discusión: Aplicación de puesta a tierra

Una de las grandes ventajas de Earthing como concepto de estilo de vida es la sencillez de aplicación. Caminar descalzo al aire libre es, obviamente, la forma más natural. Un parque cubierto de hierba, un patio o una playa de arena son lugares ideales. Para otros terrenos naturales, así como superficies de concreto, se puede comprar calzado de puesta a tierra para proteger los pies. Haz cualquier búsqueda en línea.

Otra opción es caminar descalzo en la jardinería. Incluso poner las manos en el suelo proporcionará un efecto de puesta a tierra.

Con mucho, la ubicación de conexión a tierra más conveniente y más popular es dentro de la casa y / o la oficina, donde la conexión a tierra se puede incorporar fácilmente mientras se está sentado (trabajando o relajándose) y durmiendo. La conexión a tierra no interfiere con ninguna de las actividades y se puede realizar durante muchas horas al día. Los productos de conexión a tierra están en contacto con la tierra a través de un cable insertado en el puerto de tierra / tierra de un tomacorriente de pared (conectado al sistema de conexión a tierra de una casa u oficina) o conectado a una varilla de tierra colocada en el suelo exterior.

Los médicos pueden conectar a tierra a los pacientes en el consultorio (incluso en la sala de espera antes o después de una cita) para sesiones de media hora o más utilizando productos de conexión a tierra como sillas conductoras, tapetes y parches. Los médicos pueden optar por vender productos Earthing de la misma manera que los suplementos que se venden en la oficina. Los pacientes también pueden dirigirse a proveedores en línea.

Nota: La puesta a tierra tiene amplios efectos fisiológicos. Como resultado, es posible que sea necesario controlar las dosis de los medicamentos. Por ejemplo, Earthing tiene un efecto anticoagulante leve y puede mejorar la función tiroidea y la regulación del azúcar en sangre.

La historia completa sobre la conexión a tierra se puede encontrar en el libro Conexión a tierra. Las investigaciones y actualizaciones se publican en el sitio web informativo www.earthinginstitute.net

Conclusión

La investigación en curso muestra que la conexión a tierra aumenta la infraestructura de la fisiología desde la base. A medida que la carga de las enfermedades y el dolor a nivel mundial aumenta cada vez más, es más necesario que nunca promover prácticas de prevención y estilo de vida eficaces. Tales prácticas deben incluir la puesta a tierra. Ponerse a tierra significa regresar a un aspecto olvidado y vital de la naturaleza, las propiedades curativas de la Tierra, que tiene un gran potencial para prevenir y tratar los trastornos comunes que afligen a la sociedad moderna.

2019

***Palabras para aprovechar: El uso del lenguaje en los protocolos de Psicología Energética.**
Words to tap by: The use of language in Energy Psychology protocols.
David Feinstein.
Doi 10.9769/EPJ.2019.11.1.DF
Texto completo en inglés:
https://www.innersource.net/ep/images/stories/downloads/Words_To_Tap_By.pdf

Resumen

La mayoría de los protocolos de Psicología Energética incluyen un componente en el que se guía al cliente en el uso de una redacción personalizada relacionada con un problema o meta objetivo. Estas frases se expresan simultáneamente con la estimulación de puntos de acupuntura seleccionados (puntos de acupuntura) mediante tapping. La Terapia de campo de pensamiento (TFT) y su popular derivado, Técnicas de libertad emocional (EFT), son las variaciones más conocidas de los enfoques de tapping en los puntos de acupuntura. Estas terapias han sido validadas por su eficacia y rapidez inusual en la resolución de condiciones psicológicas y físicas en más de 100 ensayos clínicos y varios metanálisis. Los médicos y los entrenadores de vida que deseen incorporar el tapping en los puntos de acupuntura en sus prácticas pueden aprender fácilmente los protocolos básicos, pero a menudo no están seguros de cómo formular la redacción más eficaz para acompañar el auto-tapping del cliente.

Este artículo presenta un análisis cualitativo de declaraciones grabadas en video que se consideró que movían el tratamiento hacia adelante en relación con tres resultados del proceso: (a) la declaración resultó en que el médico se sintonizara mejor con las intenciones del cliente y su experiencia con la terapia, (b) exploró las cuestiones relevantes para las necesidades y objetivos del cliente con el fin de profundizar tanto en la comprensión del cliente como del profesional de ellos, y / o (c) condujo al cliente hacia formas más eficaces de abordar los problemas pertinentes. Estas tres categorías (sintonizar, explorar, dirigir) se derivaron de las 62 funciones terapéuticas del lenguaje que se identificaron a medida que se codificaba la redacción grabada en video. La lista es solo una formulación inicial, basada en las sesiones de un médico analizadas por ese médico. Está destinado a ser un primer paso hacia una investigación más completa del uso del lenguaje en las sesiones de Psicología Energética, su impacto en los resultados del cliente y sus implicaciones para la formación de los profesionales.

Las 62 funciones terapéuticas del lenguaje que encontré en mis propias sesiones se incluyeron en las categorías de "sintonización", "exploración" y "liderazgo", y estas categorías proporcionan una plantilla para clasificar a través de los marcos teóricos que mejor alinearse con estas funciones. Frases que encajan en el Categoría "sintonía" son bastante rogerianas en el sentido Esa comprensión empática, consideración positiva, congruencia y apoyo a la autodeterminación del cliente. se han convertido en fundamentales para la mayoría de los psicoterapeutas, no solo para aquellos que usan tapping. Declaraciones que se basan en un reconocimiento de la transferencia y dinámica de contratransferencia, pionera en psicoanálisis, también encajan en la categoría de sintonía.

Frases que pertenecen a la categoría "explorar" a menudo examinó la psicodinámica o familiar raíces de las preocupaciones de la persona, como fue investigado por primera vez por Freud y establecido empíricamente por investigadores de la teoría del apego. También en la exploración categoría fue la identificación de conflictos y polaridades dentro de la psique, como se centra en Freud y Jung. Reconociendo lo intrapersonal, contingencias interpersonales y sociales que dan forma sentimientos, pensamientos y comportamiento, que fueron pioneras en las terapias conductuales y cognitivas, también evidente en esta categoría. Un enfoque cognitivo también llevó a frases que revelaron y abordaron pensamientos irracionales y creencias autodestructivas.

El uso del diálogo Gestalt, la imaginería guiada, la afectar el puente, y otras técnicas sin tapping para profundizar la exploración de la dinámica inconsciente encaja aquí también.

Dentro de la categoría "principal", los principios de La TCC fueron especialmente útiles en la formulación de estrategias para implementar creencias más adaptativas y comportamientos. "Experiencias emocionales correctivas" que son el ámbito de todas las formas de terapia: del psicoanálisis a la psicología del comportamiento para enfoques de sistemas familiares: a menudo ocurren internamente durante el proceso de tapping (la integración de experiencias novedosas en modelos mentales existentes, y la reconsolidación de estos modelos durante las sesiones de tapping, se discuten en Feinstein, 2018).

Este artículo describe una exploración inicial de los usos del lenguaje durante el tapping en los puntos de acupuntura sesiones de psicoterapia, centrándose en un solo Uso del idioma en los protocolos EP Psicología energética 11: 1 • Mayo de 2019 15 redacción del practicante durante 10 sesiones grabadas en video según lo analizado por ese practicante. Mientras que la mayoría la investigación se basa en la observación del comportamiento externo, una ventaja de este enfoque en las primeras fases de formular el marco ha sido que fue posible para mí tanto observar la redacción utilizada y recordar mi intención al usar esa redacción.

Por lo tanto, el proceso fue informado tanto por una lente objetiva como por una lente subjetiva. El marco, sin embargo, ahora puede ser probado de manera más objetiva por utilizando la redacción de otros profesionales según lo calificado por observadores independientes según procedimientos de codificación más formales (p. ej., Rodríguez-Morejón et al., 2018). Esto refinaría y comenzaría a validar el marco. Su uso y sus diversas evoluciones en los programas de formación agudizaría aún más y también determinar si dicho marco es particularmente útil en la formación de profesionales.

Una última advertencia: el marco no está diseñado como un conjunto de fórmulas a emular pero como un entrenamiento recurso que subraya cuán flexible, matizado, y creativa la redacción que acompaña al punto de acupuntura el tapping puede ser. Mi esperanza es que genere una apreciación más amplia y profunda de las opciones del profesional, lo que en última instancia conduce a sesiones que son más eficaces y empoderadores para el cliente

*Efectividad de la Terapia Gestalt: Una Revisión Sistemática de la Evidencia Empírica.

Gestalt Therapy Effectiveness: A Systematic Review of Empirical Evidence
Rosalba Raffagnino
Department of Health Science, University of Florence, Florence, Italy
Open Journal of Social Sciences
Vol.07 No.06(2019), Article ID:92886,18 pages
Doi: http://doi.org/10.4236/jss.2019.76005
Texto completo en inglés:
https://www.scirp.org/html/5-1762543_92886.htm

RESUMEN

La Terapia Gestalt (GT) es un enfoque clínico humanista. La investigación sobre la eficacia de este modelo representa un tema controvertido y poco investigado dentro del campo general de la eficacia de la psicoterapia. En la actualidad, falta una revisión actualizada de los estudios sobre la eficacia de la GT. Por lo tanto, realizamos una revisión sistemática de todos los estudios disponibles en los últimos doce años con el objetivo de brindar una descripción general de los hallazgos más importantes de las investigaciones empíricas publicadas en revistas internacionales de revisión por pares en idiomas inglés e italiano. En esta revisión se incluyeron un total de 11 estudios. Se demostró que la intervención de GT mejora especialmente la conducta en el entorno de la terapia de grupo, no solo para los trastornos clínicos, sino también en relación con otros problemas sociales. Los hallazgos permiten sugerir ciertas reflexiones sobre direcciones futuras en la investigación de GT.

1. Introducción

La brecha entre la investigación psicoterapéutica y la praxis clínica es amplia, y esto es particularmente cierto para ciertos enfoques clínicos que, por sus principios teóricos y metodológicos, se alejan de los métodos empírico-positivistas de la investigación científica. Esto se aplica a la Terapia Gestalt (GT), un enfoque humanista y holístico basado en la fenomenología, que ha adolecido de una falta de reconocimiento científico a lo largo de los años y de su enfoque principalmente en la práctica y artículos publicados que expresaban el punto de vista clínico teórico y el experiencia de los autores.

Sin embargo, en los últimos años también ha habido una conciencia creciente, incluso en académicos y clínicos de GT, de la importancia y la necesidad de dar una dignidad científica a este enfoque clínico [1]. Por ello, se han presentado ciertos estudios, investigaciones e informes, que muchas veces asocian el reconocimiento científico a la posibilidad de utilizar métodos empíricos que respeten los valores, principios e incluso el método propuesto por este abordaje clínico. Por ejemplo, Doric [2] afirmó que debe considerarse una forma de arte, es decir, "intuitiva, holística y dinámica" (pág. 46). En el pasado, ciertas investigaciones evaluaron la efectividad de la GT, reconociendo su utilidad, y como afirman Elliott, Greenberg y Lietaer [3] "este cuerpo de investigación continúa creciendo rápidamente" (pág. 4).

Para conocer la evidencia de la efectividad de GT en años más recientes, es importante resumir los estudios e investigaciones que se enfocaron en un enfoque de GT. Como afirmó Fogarty [4] "Si GT pudiera establecer su propia base de evidencia, esto ayudaría a GT tanto a reclamar su tradición y métodos para sí mismo como a recibir el reconocimiento y financiamiento que están recibiendo estas nuevas modalidades" (pág. 45). Así, en nuestra revisión sistemática, nos centramos en la GT, y no en la integración de modelos clínicos que utilizaron métodos y principios de la GT (como la Terapia Centrada en la Emoción) y evitamos considerar trabajos centrados en aspectos, conceptos y principios de la Modelo Gestalt, pero se refieren a diferentes modelos clínicos. De hecho, nuestro interés es específicamente evaluar la efectividad de la GT y su metodología clínica en el contexto de los principios y métodos clínicos de la Gestalt, con el fin de revelar su esencia particular y evaluar su efectividad también como un método diferenciado del campo general de la psicoterapia experiencial de la que forma parte. Además, de acuerdo con Roubal y colegas [1], creemos que es importante desarrollar una investigación en GT tanto en términos del desarrollo de la conciencia del conocimiento y la praxis como de la necesidad de que no sea ignorada por la comunidad de académicos y clínicos. cada vez más orientado a la evaluación científica del trabajo terapéutico.

2. Antecedentes teóricos
2.1. Efectividad de la psicoterapia

Los estudios sobre la efectividad de la psicoterapia han avanzado mucho, principalmente al demostrar, a través de rigurosas investigaciones, que esta forma de atención puede ser efectiva para los pacientes y que diferentes modelos clínico-teóricos muestran resultados similares [5].
En la literatura, este tema de investigación sigue la distinción entre estudios sobre resultados (que evalúan tanto la eficacia general como las diferentes formas de eficacia de modelos clínicos específicos) y los estudios sobre el proceso (los mecanismos de cambio que operan dentro de la vía terapéutica).

En cuanto al análisis de resultados, la investigación se ha dirigido principalmente a la evaluación de la efectividad de los modelos clínicos específicos. Un gran número de investigaciones empíricas y basadas en la evidencia se refieren a los modelos conductuales-cognitivistas. Tolin [6] propusieron una revisión cuantitativa sobre la eficacia de la Terapia Cognitivo-Conductual (TCC) en comparación con otras formas de psicoterapia, mostrando la superioridad de la TCC sobre las terapias alternativas solo entre pacientes con ansiedad o trastornos depresivos. A pesar de la clara prevalencia de evidencia empírica sobre la TCC, la extensa literatura también muestra la efectividad de otros modelos clínicos. Por ejemplo, están las terapias humanistas-vivenciales que, en Europa, se están generalizando cada vez más, integradas también en enfoques no tradicionalmente considerados humanistas [7]. Algunas revisiones recientes observaron la efectividad de las terapias humanistas-experienciales [8] [9]. Entre estos modelos clínicos, principalmente la Terapia Centrada en las Emociones (EFT) recibió una evaluación empírica extensa que se ha considerado un Tratamiento Basado en la Evidencia que generó una buena cantidad de investigación sobre el proceso de cambio, incluso en niños y familias [10]. A pesar de la evidencia cada vez mayor de su eficacia, las psicoterapias humanistas tienden a pasarse por alto en los entornos científicos y de salud [8].

Si bien un área particular de investigación destaca la mayor efectividad de ciertos modelos clínicos, una cantidad igualmente consistente de investigación enfatiza cómo diferentes enfoques pueden ser igualmente efectivos. En su revisión, Cuijpers, van Straten, Andersson y van Oppen [11] observaron que no hay grandes diferencias de eficacia entre las principales psicoterapias (TCC, Terapia Psicodinámica de Resolución de Problemas, psicoterapia interpersonal…) para la depresión leve a moderada.

La evaluación de los factores comunes de los diversos modelos clínicos se ha desarrollado ampliamente en la investigación y se ha observado su importancia para producir los beneficios de la psicoterapia [12]. Estos factores comunes se refieren principalmente a las variables del proceso, como la empatía, la alianza terapéutica, la emoción y los comportamientos interpersonales, y varios estudios destacaron cómo estas variables se asocian generalmente con un resultado positivo y un cambio de psicoterapia [13] [14] [15] [16] . Rihacek y Roubal [17] identificaron tres componentes principales del cambio de psicoterapia: exploración, aceptación y comprensión de la experiencia del paciente; atendiendo a los recursos propios de los pacientes; y proporcionar a los pacientes nuevas habilidades y consejos.

Algunos académicos mostraron un interés transversal en las variables de proceso que abarcan varios modelos clínicos. Por ejemplo, respecto al proceso emocional, Whelton [18] propuso una breve revisión sobre él en psicoterapias humanísticas, cognitivas, conductuales y psicodinámicas, mostrando el interés transversal en este tema que abarca todas las modalidades terapéuticas. De hecho, el procesamiento emocional y la profundidad de la experiencia son ampliamente explorados tanto por conductistas como por académicos humanistas, quienes han demostrado la asociación con el resultado y el cambio terapéuticos.

Sin embargo, como afirma Fogarty [4], el enfoque de factores comunes no tiene en cuenta los elementos específicos de lo que funciona en la terapia y "en cambio, lo que se necesita es un enfoque que se centre en los 'factores específicos' de una modalidad de tratamiento" (pág. 46).
Algunos estudiosos han tenido como objetivo identificar las características esenciales del modelo clínico específico. Por ejemplo, Elliott y Greenberg [19] identificaron cinco características esenciales de la Terapia de Proceso-Experiencial / Centrada en la Emoción (PE-EFT). Es un enfoque neohumanista que integra y actualiza las cinco características de las terapias centradas en la persona, Gestalt y existencial.
2.2. Conceptos, principios y técnicas de la terapia Gestalt

El pionero de la GT fue Perls [20] quien, basando su enfoque en la psicología de la Gestalt (Max Wertheimer y Wolfgang Kohler), puso en práctica los principios del ser humano como entidad total. GT es parte de un enfoque humanista-experiencial (que también incluye la terapia centrada en la persona, la terapia existencial, el psicodrama, la terapia centrada en las emociones, la terapia experiencial, el análisis transaccional, la terapia de proceso-experiencia) que considera a la persona como un sistema complejo de autoorganización, el tendencia de crecimiento del funcionamiento humano, y la capacidad humana para la conciencia reflexiva.

En la literatura sobre GT, algunos estudiosos han intentado identificar los principios y características específicas de GT con respecto al enfoque clínico del que forma parte [21]. Propusimos un resumen de las principales características de GT en la Tabla 1.
Así, se ha reconocido la influencia de la fenomenología y el existencialismo [22]. La fenomenología es la base de la GT como psicoterapia experiencial [23], así como la experiencia "aquí y ahora" en el proceso clínico y el diálogo terapéutico [24].

Si bien GT considera la experiencia del ser humano vivida en el presente, no descuida el pasado, que existe en la vida actual de las personas con sus gestalts inconclusas. Como afirma Perls [25], nuestra vida es una infinidad de situaciones inconclusas. Tales situaciones son disfuncionales, y en el proceso clínico el terapeuta Gestalt ayuda al paciente a satisfacer su necesidad de completar la emergencia gestalt incompleta.

Además, GT valora el concepto clave de Self, que se considera una estructura compleja e integrada que involucra una amplia gama de aspectos, también opuestos entre sí [26]. Mientras que la persona sana reconoce su Yo formado por aspectos tan diferentes o incluso opuestos, y acepta la posibilidad de ser

Contradictorio, la persona patológica se ve a sí misma en una perspectiva unilateral, enfocándose rígidamente en una polaridad del Yo [27]. Al crear una polaridad, la escisión en la personalidad está en el origen del malestar de la persona por no permitirse vivir una experiencia completa y holística. GT prevé que el Yo existe en interacción con los demás y se expresa a través del proceso de contacto humano: un proceso psicológico en el que es posible encontrarse con uno mismo, los demás y el entorno [28]. La GT conduce al reconocimiento de la presencia de diferentes estilos de contacto en las interacciones individuo-ambiente, algunos de los cuales son funcionales, creativos o adaptativos y otros disfuncionales [28].

Por otro lado, el GT es un modelo clínico orientado funcionalmente [29], que se centra en la importancia de la adaptación de la persona a un entorno cambiante y a las diversas situaciones de la vida de una manera libre y saludable, y para crear nuevas respuestas a nuevas situaciones (creativas ajustes). De hecho, como afirman Perls et al. [28] las habilidades de la persona para autoajustarse en respuesta a las condiciones ambientales permiten su crecimiento. Esta adaptación ocurrió en términos de organización figura-fondo, y mientras que en un paciente sano la figura emergerá claramente del fondo y él / ella identificará una forma definida, en uno patológico la relación entre figura y fondo puede ser inhibida por mentales. bloques, lo que resulta en una incapacidad para formar figuras en el aquí y ahora.

En la praxis clínica, un paso importante de GT es el proceso de conciencia que no significa simplemente desarrollar conocimiento o introspección, sino explorar experiencias y dar sentido a nuestro mundo y nuestra relación con los demás y el medio ambiente [21]. De hecho, un principio central del método clínico Gestalt es la experimentación, definida como "un enfoque conductual para pasar a una nueva forma de operar" ([30], pág. 31). Es un proceso de aprendizaje experiencial, basado en lo que ocurre y emerge durante el encuentro terapéutico, que también implica el uso de diferentes técnicas (ejemplos son: toma de conciencia de procesos emocionales inconscientes; trabajo con dos sillas / silla vacía; trabajo con situaciones inconclusas de el pasado). En general, a través de las diversas técnicas Gestalt —que no son más que experimentos— el terapeuta permite que el paciente transforme la tendencia a "hablar" en "hablar con", como afirma Perls [25]. Así, GT reconoce la importancia de un impacto directo derivado de representar y "actuar" la situación en el presente, y privilegia el enfoque dramatizado de la experiencia y los contenidos basados en el conflicto más que el enfoque conversacional tradicional [31].

Además, los terapeutas gestálticos creen que en el diálogo terapeuta-paciente los elementos importantes no son solo las palabras, sino también los movimientos, los gestos, el tono y las miradas, todos comunicando la relación entre los dos. Clemmens [32] sostuvo que "la encarnación es la experiencia sensorial de mi cuerpo como yo en relación con los demás y el mundo que me rodea. Conozco mis brazos cuando llego a mi corazón cuando lo siento / [yo] latir juntos, mis ojos mientras miro al otro. La encarnación es una cualidad de presencia, un sentido ontológico de 'aquí y ahora', y la sensación de estar despierto y completamente involucrado en el mundo relacional "(págs. 3-4).

3. Método
3.1. Busqueda de literatura
La búsqueda bibliográfica se basó en una iniciativa integral para crear una base de datos de referencias a estudios clínicos que investigan la efectividad de la GT, publicada de 2007 a 2018 en inglés e italiano.

La estrategia de búsqueda de literatura involucró tres pasos que se resumen en la Figura 1:

El primer paso incluyó búsquedas sistemáticas en las bases de datos ScienceDirect, PubMed, PsycINFO y Google Scholar. Las búsquedas se realizaron combinando palabras clave y texto relacionado con GT. A los efectos de la presente revisión, se consideraron para su inclusión todas las referencias relacionadas con los términos de búsqueda Terapia Gestalt, Efectividad de la psicoterapia, Enfoques de psicoterapia y Modelos clínicos. En este primer paso, también hemos incluido ensayos que podrían ser útiles para tener un trasfondo completo del tema de revisión. Hemos dejado de lado los procedimientos, ya que implican una inversión de tiempo para material prácticamente irrelevante. En general, hemos visto 1215 títulos de artículos y resúmenes.

2) En el segundo paso, según la información proporcionada en el título y el resumen, todos los estudios encontrados durante la búsqueda en la base de datos se evaluaron para determinar su relevancia para nuestra revisión. Hemos aplicado criterios de inclusión y exclusión considerando también estudios teóricos o clínicos útiles para un trasfondo completo de la revisión. tema. En particular, incluimos artículos que se centran en la GT y en la eficacia de la psicoterapia con respecto también a otros modelos clínicos. Entonces, identificamos 240 artículos. Los artículos cumplieron con los criterios de inclusión y se recuperó un informe completo de los artículos.
3) En el tercer paso, agregamos otros 55 artículos y un total de 295 textos completos fueron examinados por un solo autor, excepto cuando el autor buscó consultar con un colega para examinar su centralidad en los objetivos de la revisión y su calidad, procediendo a su posterior análisis. evaluación para la selección. Cualquier desacuerdo se ha discutido con un investigador de revisión adicional. Este enfoque redujo la muestra a 52 artículos, y la información del análisis de estos textos completos se utilizó como base para la revisión. Entre los artículos descartados también se encuentran aquellos sin hallazgos claros relacionados con GT y aquellos que no presentaron una investigación empírica. Finalmente, nos enfocamos únicamente en la efectividad de GT y se identificó una muestra de 11 artículos para su análisis.

3.2. Recogida y análisis de datos

Para analizar la muestra final de 11 artículos, evaluamos la base teórica, así como la calidad editorial y científica. En particular, se consideraron artículos publicados en revistas internacionales e investigaciones empíricas que respetaron en la medida de lo posible un procedimiento claro y de calidad. Hemos excluido resúmenes en seminarios, informes presentados en conferencias, disertaciones y comentarios artísticos que solo proporcionaron datos parciales y opiniones de los autores.

Se empleó un diseño de revisión, que incluía tres hojas de resumen, para un conocimiento directo e inmediato sobre los antecedentes de los temas, el objetivo de la investigación y las hipótesis (hoja uno), los métodos de investigación (muestras y sus principales características, contexto cultural, diseño de la investigación), intervenciones clínicas, procedimiento y herramientas utilizadas (hoja dos), y los principales hallazgos de los artículos revisados (hoja tres). Durante esta fase de evaluación de la calidad, cualquier pregunta y duda se resolvió mediante una discusión con un colega y, ocasionalmente, contratando a un tercer revisor para la mediación.

La síntesis de la revisión es narrativa, porque tiene como objetivo proporcionar una imagen completa de los temas y los métodos. Los diversos temas que surgieron de la muestra proporcionaron una comprensión general del estado de la técnica en relación con el tema de revisión y se resumen en las siguientes secciones de discusión.

4. Resultados

La mayoría de los artículos revisados se centraron en la eficacia del modelo clínico en el tratamiento de la psicopatología y diversos síntomas. Sin embargo, varias investigaciones consideraron diferentes dimensiones como el autodesarrollo, los comportamientos del delincuente, los problemas sociales y los problemas de identidad. La mayoría de los artículos involucraron investigaciones de resultados, que evaluaron la eficacia de la GT especialmente en la terapia de grupo. En ciertos casos, encontramos una comparación entre GT y otros modelos clínicos. La mayoría de los artículos se refieren a la escasez de material de investigación sobre la GT y la necesidad de una investigación basada en la evidencia en la GT.

Por tanto, hemos considerado cuatro tipos de resultados. Uno se refiere a la calidad del método de investigación utilizado en los artículos revisados. Los otros tres tipos se refieren a diferentes hallazgos de investigación de los artículos revisados. Hemos identificado artículos que tenían como objetivo probar la efectividad de la evaluación de GT, aquellos que se enfocaban en métodos y técnicas específicos de GT y aquellos que proponían una comparación entre GT y otros modelos clínicos.

4.1. Objetivos y características metodológicas de los artículos revisados.

Los objetivos y las características metodológicas de los artículos revisados se resumen en la Tabla 2. En particular, reunimos sobre los objetivos de la investigación, las características de la muestra y el proceso de muestreo, el país en el que se realizó la investigación, el diseño y el procedimiento de la investigación, las variables examinadas y la medido utilizado por los eruditos. Luego se consideró también el método de terapia por su importancia para observar los diferentes aspectos clínicos en los que se enfocaron los estudiosos. La duración del tratamiento también se ha examinado para evaluar la coherencia clínica del tratamiento propuesto.

La mayoría de las investigaciones se han realizado en países europeos (por ejemplo, Serbia, Italia, España, Noruega) y extraeuropeos (por ejemplo, México, Irán, Australia) y en su mayor parte utilizaron diseños de investigación previos y posteriores a la prueba, lo que permite evaluar la eficacia del tratamiento clínico o de métodos y técnicas específicos. En algunos casos, se comparó GT con otros modelos clínicos. Stevens, Stringfellow, Wakelin y Waring [33] evaluaron la eficacia de la GT comparándola con la TCC, la terapia centrada en la persona y la terapia psicodinámica. Arip, Bakar, Ahmad y Jais [34] informaron la estructura y la validez de contenido de un enfoque de orientación grupal GT para el autodesarrollo del estudiante, probando su validez de contenido y su aplicabilidad en cualquier contexto de experiencia del estudiante.

La muestra de investigación varió en función de los objetivos. Los participantes del proceso terapéutico fueron en su mayoría pacientes con diferentes psicopatologías ([33] [35] [36] [37]. También hemos encontrado muestras compuestas por estudiantes [34] y alumnas con trastorno distímico [38] o padres ansiosos [39].], pero incluso delincuentes [2], mujeres divorciadas [40], participantes en grupos o talleres de GT [41] y enfermeras psiquiátricas registradas capacitadas en GT [42]. En otras investigaciones, los académicos involucraron a expertos [34] y psiquiatras [42] para la evaluación de un diseño y método GT En determinadas investigaciones la muestra estuvo compuesta por pocos participantes, siguiendo el principio de investigación cualitativa que favorece la profundización y riqueza de los datos [42].

Encontramos poca información sobre las características de la muestra y el muestreo. Generalmente, los académicos informaron sobre el sexo y la edad de los participantes. En términos de muestreo, algunos académicos mencionaron criterios de selección de muestras, como pruebas validadas [35] y entrevistas [36] [37] [38].
Además, los eruditos utilizaron varios medios de selección. Los participantes han sido contratados mediante publicidad en medios públicos [37] oa través de organizaciones y asociaciones [40] [41].

En términos del tipo de intervención clínica, las investigaciones generalmente se referían a la terapia de grupo, a veces especificando el número de participantes, la duración y la frecuencia de la terapia. González-Hidalgo [41] afirmó que los talleres se inspiraron en la formación psicoterapeuta de Naranjo denominada SAT (Buscadores de la verdad). Farahzadi y Masafi [38] propusieron la Terapia Gestalt y la Terapia de Juego Cognitivo-Conductual, y González-Ramírez, et al. [36] utilizó una combinación de la Terapia Gestalt-Hipnosis (GHT) y la Terapia de Hipnosis. Holzinger y col. [37] combinó GT y GT con sueños lúcidos.

Algunos estudiosos mencionaron la organización de terapia de grupo. Generalmente, los grupos incluían de 7 a 10 participantes [2] [35], que fueron seguidos durante un período de tiempo determinado y con sesiones de aproximadamente noventa minutos [37] [40].

Más en particular, el método, utilizado en la mayoría de intervenciones clínicas propuestas, se refiere a diferentes conceptos, prácticas clínicas y actividades referidas a GT. Los métodos que identificamos son métodos expresivo-creativos, como el dibujo [35], y métodos espirituales / psicológicos, como la meditación, el trabajo corporal y el movimiento, o el teatro [39]. En algunos casos, se proponen actividades particulares como sueños lúcidos [37], respiración consciente, actividad sensorial, trabajo en dos sillas [39], incluso la técnica de entrevista narrativa individual semi-estructural para provocar respuestas narrativas de los participantes [42].

En cuanto a la evaluación de la eficacia de la intervención clínica, encontramos que se han utilizado varios métodos y técnicas diferentes. Algunas investigaciones propusieron modelos de intervención con asesoramiento de expertos, como el modelo de orientación grupal propuesto por Arip, et al. [34]. González-Hidalgo [41] pasó dos meses como participante-observador activo de los talleres de GT, y Holzinger, et al. [37] utilizó grabaciones de video de sesiones durante el período de tratamiento. Kelly y Howie [42] emplearon la investigación narrativa, que implica un examen sistemático de las tramas y subtramas comunes a todos los sueños para identificar elementos y experiencias recurrentes. En cambio, Stevens, et al. [33] evaluó la eficacia de la GT con un cuestionario de autoinforme (Resultados clínicos en la evaluación de rutina / CORE), compilado por clientes de terapeutas gestálticos que se han unido al proyecto de investigación. No está específicamente orientado a la Gestalt, pero es el más utilizado en los servicios de terapia psicológica en el Reino Unido. Incluye 34 ítems que midieron el bienestar subjetivo, problemas o síntomas, funcionamiento de la vida y riesgo o daño, y los completó el cliente al principio y al final de su terapia.

4.2. Los resultados y la eficacia del proceso de GT

La mayoría de las investigaciones tuvieron como objetivo conocer la efectividad del resultado de la GT, especialmente cuando se ha aplicado a la intervención grupal, investigando los cambios importantes que informaron los participantes. Los académicos a menudo se centraron en problemas psicopatológicos, sociales y personales específicos, así como en un grupo objetivo en particular. Centrándose en los resultados de GT en activistas indígenas y campesinos, González-Hidalgo [41] encontró que los talleres de GT (realizados siguiendo la capacitación SAT-HTH de Naranjo) ayudaron a los activistas tanto a reflexionar sobre sus propias historias de vida como a obtener ciertas ventajas en la vida social. Después de los talleres, varios participantes, especialmente mujeres, ganaron confianza para participar más activamente en las reuniones comunitarias.

Este resultado se consideró bastante notable en una sociedad donde las mujeres normalmente están ausentes en las reuniones comunitarias. Al explorar la eficacia del entrenamiento de GT en la práctica profesional, Kelly y Howie [42] informaron que los psiquiatras reconocieron la aplicación potencial del conocimiento y las habilidades de GT en su práctica de enfermería psiquiátrica. Al organizar una intervención grupal Gestalt para padres ansiosos cuyos hijos estaban estudiando en escuelas primarias, Leung y Khor [39] encontraron que el enfoque clínico ayudó a los padres a reducir los niveles de ansiedad, evitar experiencias internas con el tiempo y mejorar la atención plena con un ligero aumento en la autoestima. amabilidad.

Centrándose en una dimensión psicológica específica, Saadati y Lashani [40] observaron la eficacia del GT en la mejora de la autoeficacia en mujeres divorciadas que participaron en grupos experimentales. Un artículo de investigación de Arip et al. [34] informó la validez de contenido general del módulo de orientación grupal en el autodesarrollo del estudiante, basado en la teoría Gestalt y sus principios básicos (como el enfoque holístico, la experiencia personal, la responsabilidad individual, el método aquí y ahora). Al aplicar el tratamiento grupal GT en prisión con una muestra de delincuentes con síntomas psicopatológicos, Doric [2] no encontró cambios en los comportamientos y vidas de los delincuentes, aunque sí observaron menos mejoría en los grupos depresivos en comparación con los que padecían manía, quienes obtuvieron beneficios específicos de su participación activa en sesiones y desde la posibilidad de resolver conflictos básicos en su vida a través del análisis de gestalts inconclusas.

En varios artículos, el alcance de la investigación fue evaluar la efectividad de métodos y técnicas Gestalt específicos. Al someterse a los métodos Gestalt y expresivo-creativo, los pacientes geriátricos analizados por Drăghici [35] mostraron ciertas mejoras en sus síntomas ansiosos y depresivos, en su funcionalidad global y en su comportamiento interaccional. En particular, durante el tratamiento, se dieron cuenta de la necesidad de resolver sus conflictos, incluso intentando, al final del proceso terapéutico, recuperar su confianza, su capacidad de comunicación, sus sentimientos de pertenencia al grupo y la conciencia. que su necesidad de asistencia pueda satisfacerse mediante métodos de apoyo y relajación. En un artículo de Holzinger, et al. [37], los académicos evaluaron la eficacia de los sueños lúcidos en el tratamiento de las pesadillas recurrentes, observando una reducción significativa en la frecuencia de las pesadillas (NMF) en las fases de seguimiento y final de la terapia en comparación con la línea de base. Se observó un aumento continuo en la frecuencia de recuerdo de sueños (DRF) durante tres semanas, a partir de la quinta semana de tratamiento en adelante.

Tres artículos de investigación informaron comparaciones entre GT y otros modelos clínicos. Entonces, Stevens, et al. [33] evaluó la eficacia de la GT comparándola con bases de datos nacionales de estudios similares del Reino Unido sobre otros modelos clínicos, como la terapia cognitivo-conductual (TCC), la terapia centrada en la persona y la terapia psicodinámica.

Descubrieron que la Terapia Gestalt era tan eficaz como otras modalidades. De hecho, los académicos observaron que la diferencia pre-postratamiento en su investigación era comparable a los resultados observados en estudios que analizaron otros modelos clínicos, utilizando el método de evaluación CORE. Farahzadi y Masafi [38] encontraron los mismos resultados al estudiar la efectividad de las terapias Gestalt y de juego cognitivo-conductual para disminuir los trastornos distímicos y la intensidad de los síntomas en los niños iraníes. En cambio, observaron una diferencia significativa en la media de dos modelos clínicos y el grupo de control. En particular, la característica más importante de ambos modelos clínicos parece la cálida relación acompañada de la construcción de confianza en las sesiones iniciales. Eso permitió a los niños poder compartir sus sentimientos negados (miedo, timidez, tristeza) y luego expresar y hablar sobre estos sentimientos. Centrándose en la hipnosis, González Ramírez, et al. [36] comparó dos tratamientos al respecto, la terapia de hipnosis y la terapia de hipnosis Gestalt. Reconocieron su eficacia en pacientes con formas de depresión frente a un grupo de control. Si bien los grupos terapéuticos mostraron diferencias significativas entre los resultados preprueba y posprueba, con una importante disminución en el grado de depresión, no se observaron diferencias en el grupo control.

5. Discusión

El objetivo de este trabajo fue analizar el estado de la literatura sobre la efectividad de la GT. En general, revelamos la falta de atención científica hacia la evaluación empírica de GT. De hecho, la mayoría de artículos que encontramos en la literatura internacional son ensayos, donde los académicos reportaron sus reflexiones, así como ejemplos clínicos sobre la GT y sus conceptos, métodos y técnicas.

Las investigaciones empíricas que utilizan métodos adecuados son escasas, tanto que solo pudimos seleccionar 11 artículos considerados útiles para nuestra revisión. Esto está en línea con la tendencia a pasar por alto las psicoterapias humanistas en el ámbito científico y de la salud [8] (Elliott et al., 2013), y en contraste con la extensa evaluación empírica de otros modelos clínicos similares a GT como Emotion -Terapia enfocada (EFT) [10].

Nuestros artículos revisados involucran investigaciones empíricas que parecen confirmar y fortalecer la consideración de que la GT es un modelo clínico eficaz y aceptable. Por tanto, se demostró que la eficacia del modelo clínico era comparable a otros enfoques clínicos similares, como las terapias humanistas-experienciales [8] [9].

Además, en términos de la implementación de GT en entornos grupales, los artículos informaron la eficacia de GT y sus conceptos, métodos y técnicas para varios tipos de problemas, incluso socioprofesionales y no solo psicopatológicos. Parece ser un modelo clínico afirmado que puede aplicarse a numerosos contextos sociales. Por ejemplo, González-Hidalgo [41] llevó a cabo un interesante proyecto de investigación centrado en activistas indígenas y campesinos, con el objetivo de fomentar nuevas percepciones para comprender mejor la subjetividad en la ecología política. Esto parece estar en línea con lo que afirman varios académicos y clínicos de la Gestalt que, aunque a veces de diferentes maneras, han contribuido a comprender las aplicaciones de la GT no solo en contextos clínicos, sino también en situaciones sociales y de salud. Como señala Menditto [43], "la psicoterapia, que se ocupa no solo del tratamiento de los malestares psicológicos, sino también de la orientación y pautas para la vida cotidiana, fomenta el manejo de la inseguridad y el aislamiento que provienen tanto de nuestra interioridad [y] de la complejidad del contexto afectivo y comunitario … "(págs. 119-120).

En cuanto a la calidad del método de investigación de los artículos revisados, hemos observado ciertas tendencias y limitaciones que aún dificultan la generalización de los hallazgos. Los artículos informaron GT aplicado a la intervención grupal. No se informaron estudios sobre otros entornos clínicos, como individuos, parejas o familias. Esto fue una deficiencia de la revisión, ya que GT también se ha aplicado a tales entornos, con interesantes consideraciones [44].

Si bien presenta ciertas lagunas en la literatura relacionada con el fenómeno, la revisión de hallazgos permite sustentar la importancia de desarrollar sobre el tema para generar mayor conocimiento sobre la efectividad de la praxis clínica. Tal objetivo es central para GT, porque el modelo clínico adolece de una falta de evidencia empírica. Creemos que la GT debe alcanzar una mayor consideración en los contextos científico y académico, pero para lograrlo es necesario, como afirman Boswell, et al. [45] "que cese su dependencia casi exclusiva de lo que se ha denominado "Imperialismo empírico" (…) donde los investigadores (la mayoría con pocos pacientes) dictan qué estudiar y cómo estudiarlo "(pág. 31).

También es importante un diálogo entre investigadores y médicos. Al respecto, Dattilio, Edwards y Fishman [46] afirmaron la necesidad de superar la brecha entre investigadores y profesionales en el campo de la psicoterapia. En particular, enfatizaron la necesidad de superar el paradigma positivista, que no proporciona un conocimiento práctico basado en el contexto, y utilizar, en cambio, un paradigma de métodos mixtos, que involucre pragmatismo y multiplicidad.

Si bien nuestra revisión sistemática permite tener una idea general del estado del arte del conocimiento y llenar los vacíos y cuestiones críticas sobre el tema de interés, hay ciertas consideraciones que deben hacerse. En primer lugar, la selección de palabras clave y revistas revisadas por pares en italiano e inglés limitó la posibilidad de analizar estudios adicionales publicados entre 2007 y 2018 que consisten principalmente en ensayos clínicos y teóricos. Solo hemos considerado este tipo de estudios, en parte, en la primera sección relativa a los conocimientos generales sobre el tema y, de hecho, nos han permitido transmitir una imagen más amplia del tema analizado. Además, nuestra revisión no utilizó metanálisis, que puede ser más preciso para comprender el tema, dado que el conocimiento sobre el tema era relativamente escaso. Por lo tanto, los resultados y conclusiones deben interpretarse con cautela, ya que fue difícil presentar ciertas inferencias sobre la importancia, los efectos y las formas de resolver el problema.
Por lo tanto, los resultados y conclusiones deben interpretarse con cautela, ya que fue difícil presentar ciertas inferencias sobre la importancia, los efectos y las formas de resolver el problema. Otra limitación de nuestro estudio es que la síntesis narrativa es una interpretación de los autores.

6. Conclusiones

En conclusión, a pesar de las limitaciones anteriores, nuestra revisión proporciona una imagen completa del estado de la técnica sobre la efectividad de la GT, destacando algunos avances en el campo de este enfoque clínico que ha sufrido una falta de reconocimiento científico a lo largo de los años. Sin embargo, como vemos, los estudios aún son escasos y aún queda mucho camino por recorrer para poder colmar el vacío entre la investigación y la clínica. Sobre eso, nuestra revisión permite identificar desafíos para futuras investigaciones relacionadas con GT.

En primer lugar, apoyamos la necesidad de mantener una línea de investigación que favorezca un abordaje científico del tema, con el fin de facilitar el proceso de traducir las opiniones, experiencias y reflexiones de los académicos en objetivos de investigación.

En segundo lugar, afirmamos la necesidad de una gama más amplia de interesantes estudios de GT en profundidad, incorporando diferentes variables identificadas en la literatura de GT, con el fin de promover una comprensión más precisa y dinámica de su efectividad. Además, una calificación más cuidadosa de las diferencias en situaciones, contextos, variables, conceptos y técnicas, así como características personales, psicopatológicas y sociales, a menudo se olvida en los estudios revisados, mientras que estos últimos deben suscribirse a la tendencia hacia diseños de investigación complejos. . Esto está en línea con los diversos estudios en la literatura sobre efectividad de la psicoterapia que sostuvieron la importancia de enfocarse en el proceso, y no solo en los resultados, de la psicoterapia.

Además, en GT este enfoque podría ser particularmente útil ya que el modelo implica muchas variables de proceso diferentes, algunas de las cuales son similares a otros enfoques psicoterapéuticos como la alianza terapéutica, la emoción y la comprensión de la experiencia del paciente atendiendo a los recursos propios del paciente que anteriormente habían sido consideró variables asociadas con un resultado positivo y cambio de psicoterapia [13] [14] [17] [18].

Finalmente, también es importante considerar el uso de métodos tanto cuantitativos como cualitativos, "porque estos dos enfoques son herramientas esencialmente diferentes que logran cosas diferentes y deben usarse en consecuencia" ([4], pág. 35).

***Un ensayo de eficacia a gran escala de Reiki para la salud física y psicológica.**
A Large-Scala Effectiveness Trial of Reiki for Physical and Psychological Health.

Natalie L. Dyer, Ann L. Baldwin, and William L. Rand.

Doi: https://doi.org/10.1089/acm.2019.0022
Texto completo en inglés:
https://www.liebertpub.com/doi/10.1089/acm.2019.0022?url_ver=Z39.88-
2003&rfr_id=ori%3Arid%3Acrossref.org&rfr_dat=cr_pub++0pubmed&

Resumen

Objetivos: El propósito principal de este estudio fue medir el efecto de una sola sesión de Reiki en la salud física y psicológica en una muestra no clínica grande.

Diseño: El diseño del estudio fue un ensayo de efectividad de un solo brazo con medidas antes y después de la intervención.

Entorno: El estudio se llevó a cabo en prácticas privadas de Reiki en los Estados Unidos.

Temas: Los practicantes de Reiki fueron reclutados de una lista de correo en línea para participar en el estudio con sus clientes de Reiki. Un total de 99 practicantes de Reiki cumplieron con los criterios de inclusión y participaron en el estudio. Los practicantes de Reiki recibieron instrucciones de entregar un volante a cada uno de sus clientes de Reiki que contenía información sobre el estudio e invitaron al cliente a completar una encuesta antes y después de su sesión de Reiki.

Intervenciones: Maestros de Reiki capacitados y certificados llevaron a cabo las sesiones de Reiki en persona, y cada sesión duraba entre 45 y 90 minutos.

Medidas de resultado: Se utilizó el Programa de Afecto Positivo y Negativo de 20 ítems bien validado para evaluar el afecto, y se usaron medidas breves de autoinforme de un solo ítem para evaluar una amplia gama de variables físicas y psicológicas inmediatamente antes (pre) y después (publicar) la sesión de Reiki.

Resultados: Se realizaron e incluyeron en el análisis un total de N = 1411 sesiones de Reiki. Se observaron mejoras estadísticamente significativas para todas las medidas de resultado, incluido el afecto positivo, el afecto negativo, el dolor, la somnolencia, el cansancio, las náuseas, el apetito, la falta de aire, la ansiedad, la depresión y el bienestar general (todos los valores de p <0,001).

Conclusiones: Los resultados de este ensayo de eficacia multisitio a gran escala sugieren que una sola sesión de Reiki mejora múltiples variables relacionadas con la salud física y psicológica.

***Psicología Energética: eficacia, velocidad, mecanismos.**
Energy psychology: Efficacy, speed, mechanisms.
David Feinstein.
Volume 15, Issue 5, September–October 2019, Pages 340-351.
DOI: https://doi.org/10.1016/j.explore.2018.11.003
Abstract: https://www.ncbi.nlm.nih.gov/pubmed/30718189
Artículo completo en inglés:
https://www.sciencedirect.com/science/article/pii/S1550830718303513
/pdfft?isDTMRedir=true&download=true

Las formas más conocidas de "psicología energética" combinan técnicas cognitivas y de exposición con la estimulación de puntos de acupuntura seleccionados (puntos de acupuntura) al tocarlos. La mayoría de los médicos que aprenden y utilizan un protocolo de punteo de puntos de acupuntura integran el enfoque dentro de sus marcos clínicos existentes en lugar de usarlo como una terapia independiente. El método ha sido muy controvertido, con su eficacia, velocidad supuesta y modelos explicativos cuestionados. No obstante, su utilización en entornos clínicos y como método de autoayuda ha seguido expandiéndose desde que se introdujo hace más de tres décadas.

Este artículo revisa las críticas más destacadas del método y presenta investigaciones y construcciones teóricas basadas empíricamente que las abordan. Más de 100 estudios de resultados revisados por pares, 51 de los cuales son ensayos controlados aleatorios, proporcionan una base probatoria para evaluar las afirmaciones y críticas que rodean el enfoque. Esta revisión concluye que un creciente cuerpo de evidencia indica que los protocolos de psicología energética basados en puntos de acupuntura son rápidos y efectivos para producir resultados beneficiosos en el tratamiento de la ansiedad, la depresión, el TEPT y posiblemente otras afecciones. También se proponen mecanismos mediante los cuales el tapping en el punto de acupuntura puede lograr estos resultados de tratamiento.

Quizás el mayor obstáculo para la aceptación de la psicología energética por parte de la comunidad profesional ha sido la aparente inverosimilitud de cualquier afirmación de que golpear la piel puede ayudar a superar problemas psicológicos graves. La siguiente discusión examina los mecanismos neurológicos que conducen a un marco explicativo plausible para tales afirmaciones. La siguiente discusión se organiza en torno a dos hipótesis comprobables de causa-efecto que son consistentes con la comprensión neurológica actual.

Hipótesis 1: el tapping en el punto de acupuntura envía señales reguladoras a las áreas del cerebro provocadas por el componente de exposición imaginal del protocolo.

Una de las primeras explicaciones neurológicas de cómo el tapping con puntos de acupuntura podría producir un cambio terapéutico se basó en los hallazgos de un programa de investigación de 10 años en la Facultad de Medicina de Harvard que investiga los efectos de la acupuntura. Entre las conclusiones del equipo de investigación se encontraba que estimular puntos de acupuntura seleccionados genera una desactivación extensa en la amígdala y otras áreas del sistema límbico: "Los estudios funcionales de resonancia magnética y PET en la acupuntura en puntos de acupuntura comúnmente utilizados han demostrado efectos moduladores significativos en el sistema límbico, paralímbico y estructuras grises subcorticales" (Hui et al., p. 49662). La premisa basada en estos hallazgos, aplicada a la psicología energética, era que "estimulaba manualmente un conjunto de puntos de acupuntura". . . disminuye las señales de activación en áreas de la amígdala y otras estructuras cerebrales involucradas con el miedo" (Feinstein, p. 21139). Estos efectos, como lo demuestran los estudios fMRI (imaginología de resonancia magnética funcional) y PET (tomografía por emisión de positrones), son prácticamente instantáneos.

Hipótesis 2: los protocolos de punteo de puntos de acupuntura pueden, con una eficiencia inusual, modificar los aprendizajes emocionales desadaptativos en sus bases neurales.

Si bien la evidencia de que el tapping en el punto de acupuntura modula rápidamente la actividad en áreas específicas del cerebro, la pregunta sigue siendo: ¿por qué persistirían estos cambios? Incluso si, por ejemplo, aplicando tapping en el punto de acupuntura mientras recuerda un estímulo que provoca ira excesiva reduce la excitación del sistema límbico en el momento, ¿por qué la ira de la persona no volverá la próxima vez que se encuentre el estímulo? Sin embargo, las investigaciones de seguimiento de los tratamientos de psicología energética han demostrado consistentemente que las mejoras sintomáticas son duraderas, incluso después de breves tratamientos 19, 41.

***EFT Clínica (Técnicas de Liberación Emocional) Mejora Múltiples Marcadores Fisiológicos de Salud.**

Bach, D., Groesbeck, G., Stapleton, P., Sims, R., Blickheuser, K., & Church, D. (2019). Clinical EFT (Emotional Freedom Techniques) Improves Multiple Physiological Markers of Health. Journal of Evidence-Based Integrative Medicine, 24.
DOI: https://doi.org/10.1177/2515690X18823691
Texto completo en inglés:
https://journals.sagepub.com/doi/pdf/10.1177/2515690X18823691

La Técnica de Liberación Emocional (EFT) es un método terapéutico de autoayuda basado en evidencia y más de 100 estudios demuestran su eficacia.

Sin embargo, la información sobre los efectos fisiológicos de EFT es limitada. El estudio actual buscó dilucidar los mecanismos de acción de EFT en todo el sistema nervioso central (SNC) midiendo la variabilidad de la frecuencia cardíaca (HRV) y la coherencia cardíaca (HC); el sistema circulatorio usando la frecuencia cardíaca en reposo (RHR) y la presión arterial (BP); el sistema endocrino con cortisol y el sistema inmune con inmunoglobulina salival A (SigA). El segundo objetivo era medir los síntomas psicológicos. Los participantes (N = 203) se inscribieron en un taller de capacitación de 4 días realizado en diferentes lugares. En un taller (n = 31), los participantes también recibieron pruebas fisiológicas integrales.

Después de la prueba, se encontraron disminuciones significativas en la ansiedad (-40%), depresión (-35%), trastorno de estrés postraumático (-32%), dolor (-57%) y antojos (-74%), todos P <.000.

La felicidad aumentó (+ 31%, P = .000) al igual que SigA (+ 113%, P = .017). Se encontraron mejoras significativas en RHR (-8%, P = .001), cortisol (-37%, P <.000), PA sistólica (-6%, P = .001) y PA diastólica (-8%, P <.000). Se observaron tendencias positivas para HRV y HC y se mantuvieron ganancias en el seguimiento, lo que indica que los resultados de EFT en efectos positivos para la salud, así como un mayor bienestar mental.

***Manual de teoría, Investigación y práctica en Terapia Gestalt (Segunda edición).** Philip Brownell

Handbook for Theory, Research, and Practice in Gestalt Therapy (2nd Edition) Edited by Philip Brownell. This book first published 2019. UK Cambridge Scholars Publishing.

https://www.cambridgescholars.com/handbook-for-theory-research-and-practice-in-gestalt-therapy-2nd-edition

Libro completo en inglés:

https://dokumen.pub/download/handbook-for-theory-research-and-practice-in-gestalt-therapy-2nbsped-1527527875-9781527527874.html

Resumen

Esta es una verdadera segunda edición, tanto que se acerca a ser un libro diferente. Incluye entre sus nuevos autores algunos de los teóricos más cotizados en la terapia Gestalt contemporánea. Hay una sección sobre filosofía de la ciencia, investigación y metodología de la investigación, y una dedicada a la terapia Gestalt y su enseñanza e investigación en diversas partes del mundo. Hay desacuerdo y crítica, porque este no es un libro simple. Está tan lleno de información que sirve como un desafío y un recurso. Esta segunda edición del Manual tomará su lugar como una ayuda para comprender la evolución de la terapia gestalt contemporánea y como una guía para la tradición de investigación en evolución en la terapia gestalt. Pertenece legítimamente a los estantes tanto de los aprendices principiantes en terapia gestalt como de los practicantes avanzados y experimentados, y ciertamente representa un recurso para los investigadores practicantes involucrados en la investigación basada en la práctica.

***Desarrollo y validación de la escala de fidelidad de la Terapia Gestalt.**

Development and validation of the Gestalt Therapy Fidelity Scale. Fogarty M1, Bhar S1, Theiler S1. 1 a Department of Psychological Sciences, Swinburne University of Technology , Hawthorn , VIC , Australia.

Psychother Res. 2019 Feb 3:1-15.

DOI: https://doi.org/10.1080/10503307.2019.1571688

Abstract; https://www.ncbi.nlm.nih.gov/pubmed/30712478
Artículo completo en inglés:
https://static1.squarespace.com/static/55556b3ae4b0c2b7c9db1195/t/5cf3516
db72cdf0001b07c92/1559449974199/Development+and+validation+of+the+G
estalt+Therapy+Fidelity+Scale.pdf

OBJETIVO: Se realizaron tres estudios para desarrollar y validar la Escala de Fidelidad de la Terapia Gestalt (GTFS), una medida de 21 ítems de adherencia al tratamiento para la Terapia Gestalt (GT).

MÉTODO: Treinta y cinco ítems para su posible inclusión en la GTFS se generaron sobre la base de una revisión de la literatura. En el Estudio 1, se utilizó una metodología Delphi que consultó a 63 expertos internacionales en GT para seleccionar elementos para la GTFS. En el Estudio 2, seis expertos utilizaron la escala para calificar las sesiones de GT basadas en video y proporcionaron comentarios sobre la usabilidad de la escala. En el Estudio 3, 176 participantes de 18 países utilizaron la GTFS para calificar sesiones grabadas en video GT y no GT.

RESULTADOS: El método de consenso del estudio Delphi resultó en 25 ítems para consideración en la GTFS. El sistema de puntuación y los ítems fueron posteriormente revisados luego de recibir más comentarios de expertos (Estudio 2). Se descubrió que la GTFS discriminaba significativamente entre sesiones basadas en GT y no basadas en GT (Estudio 3): los evaluadores puntuaron las sesiones GT significativamente más altas que las sesiones de no GT.

Se encontraron altos niveles de confiabilidad interna e Inter evaluador.

CONCLUSIÓN: La GTFS es compatible como una medida psicométricamente sólida de la adherencia al tratamiento para la GT, y por lo tanto puede usarse para evaluar el grado en que los terapeutas están administrando la GT.

Los autores agradecen el apoyo de Dan Bloom, Phil Brownell, Matthew Farrugia, Gianni Francesetti, Pablo Herrera Salinas, Illia Mstibovskyi, Leanne O'Shea, Jan Roubal, Mark Reck, Michele Settanni, Margherita Spagnuolo Lobb y Christine Stevens.

***Proceso de cambio y efectividad de las Constelaciones Familiares: un estudio de caso único de métodos mixtos sobre la depresión.**

Process of Change and Effectiveness of Family Constellations: A Mixed Methods Single Case Study on Depression. Sandra Ramos, Jorge A. Ramos. First Published August 13, 2019
DOI: https://doi.org/10.1177%2F1066480719868706
Texto completo en inglés:
https://www.researchgate.net/profile/Sandra_Ramos_Jorge_A_Ramos2/publication/335166470_Process_of_Change_and_Effectiveness_of_Family_Constellations_A_Mixed_Methods_Single_Case_Study_on_Depression/links/5d6f8802299bf1911428ad37/Process-of-Change-and-Effectiveness-of-Family-Constellations-A-Mixed-Methods-Single-Case-Study-on-Depression.pdf

Objetivos: Analizar el proceso de cambio y la efectividad de cinco sesiones de Constelaciones Familiares (FC) utilizando métodos mixtos en entornos mixtos (videoconferencia y en persona). Obtener variables asociadas a procesos y resultados.

Métodos: Utilizando un diseño exploratorio con métodos mixtos, este estudio de caso único utilizó una triangulación de datos: cuantitativa (Escala de Ansiedade, Depressão e Stresse-21) y cualitativa (las notas de las consultas y las respuestas del paciente al Cuestionario de Minería de Datos del Proceso Psicoterapéutico [PPDMQ]).

Resultados: Los síntomas de depresión del paciente pasaron de un nivel de severo a normal, y los resultados posteriores a la prueba persistieron después de un seguimiento de 3 meses. La depresión severa parece haber sido mitigada a través de intervenciones que promovieron el contacto con la realidad, la autodeterminación, el establecimiento psicoemocional de lugares sistémicos y la búsqueda de significado en eventos autobiográficos.

Conclusiones: Este artículo puede alentar más estudios que usen el PPDMQ para crear una metasíntesis y medir si la efectividad de la FC, como psicoterapia sistémica, intergeneracional e integradora, podría contribuir de manera plausible a enriquecer el cuerpo de psicoterapias basadas en evidencia científica y mitigar la puntuación de la Escala de Depresión.

***Disertaciones, estudios de investigación y artículos de revisión en psicología energética publicados en libros o revistas revisadas por pares. En orden cronológico inverso. Actualizado en julio de 2019.**

Dissertations, Research Studies and Review Articles in Energy Psychology Published in Books or Peer-Reviewed Journals. In Reverse Chronological Order.
Updated July 2019.
Fuente:
https://cdn.ymaws.com/www.energypsych.org/resource/resmgr/research/
EP_Research_Bibliography_-_A.pdf

***16-junio-2019:** Fallece Francine Shapiro, creadora del EMDR. Durante su vida, acumuló multitud de premios y reconocimientos, entre los que destacan: https://www.emdr.com/francine-shapiro-ph-d/

EMDR, ha sido tan bien investigado que ahora se recomienda como un tratamiento efectivo para el trauma en las Guías de práctica de la Asociación Americana de Psiquiatría y las de los Departamentos de Defensa. y Asuntos de Veteranos de Estados Unidos de América.

Shapiro fue investigadora principal emérita del Instituto de Investigación Mental en Palo Alto, California.

Directora ejecutiva del Instituto EMDR en Watsonville, California, y fundadora y presidenta emérita de los Programas de Asistencia Humanitaria EMDR de Trauma Recovery, una organización sin fines de lucro que coordina la respuesta a desastres y capacitaciones de bajo costo en todo el mundo.

Recibió el Premio Internacional Sigmund Freud por su distinguida contribución a la psicoterapia presentada por la Ciudad de Viena en conjunto con el Consejo Mundial de Psicoterapia, el Premio de la División de Trauma de la Asociación Americana de Psicología por las contribuciones sobresalientes a la práctica en Psicología del Trauma y el Logro Científico Distintivo Premio de Psicología presentado por la Asociación de Psicología de California.

Francine Shapiro fue designada como una de los "Cuadros de Expertos" de la Iniciativa Conjunta de la Asociación Americana de Psicología y la Asociación Psicológica Canadiense sobre Guerra Etnopolítica, y ha servido como asesora de una amplia variedad de organizaciones y revistas de tratamiento de trauma y divulgación.

Ha sido oradora invitada en conferencias de psicología en todo el mundo y ha escrito y es coautora de más de 60 artículos, capítulos y libros sobre EMDR, incluyendo: Superar su pasado: tomar el control de su vida con técnicas de autoayuda de Terapia EMDR; EMDR: desensibilización y reprocesamiento del movimiento ocular: principios, protocolos y procedimientos básicos (Guilford Press); EMDR: la terapia innovadora para superar la ansiedad, el estrés y el trauma.

***20 Meta-análisis de cientos de estudios sobre EMDR**.
https://emdartnscience.com/emdr-meta-analyses/

***12-julio-2019: Fallece Claudio Naranjo, uno de los más grandes representantes de la Terapia Gestalt.**
En 1959 se graduó como Doctor en Medicina.
Mediados de 1960: Fue aprendiz de Fritz Perls (co-creador de la Terapia Gestalt, junto con Laura Perls) y formó parte de la temprana comunidad de Esalen, California.

En sus palabras, dice Naranjo: «En 1969 tuve el privilegio de ser nombrado asesor para el Centro de Investigación de Política Educativa, creado por Willis Harman como parte del SRI (Stanford Research Institute). Se me asignó la investigación del conjunto de técnicas psicológicas y espirituales en uso en el seno del "Movimiento del Potencial Humano" en vista de su relevancia a la educación, y mi informe fue publicado como una monografía del SRI titulada "The Unfoldment of Man". Más tarde, formaría parte de mi primer libro: The One Quest.

En 1976 comencé a ofrecer talleres en Europa, refinando de esta manera aspectos del mosaico de actividades en el programa SAT: la terapia Gestalt y su supervisión, las aplicaciones del Eneagrama a la personalidad, la meditación interpersonal, la música como un recurso terapéutico y como extensión de la meditación, procesos de comunicación y autoconocimiento en pequeños grupos, hasta que volví a juntar las partes en un todo otra vez (y en la compañía de nuevos colaboradores) cuando en 1987 el programa SAT renació en España bajo el nombre de "SAT-en-Babia, un programa para el desarrollo personal y profesional". Desde entonces, este programa se ha extendido por Alemania, Francia, Italia, Reino Unido, Rusia, Argentina, Brasil, Chile, Colombia, México, Estados Unidos y Corea con gran éxito, de modo que mi agenda se repartió durante muchos años entre estas actividades y el trabajo en mis libros durante el tiempo que transcurría en mi casa de Berkeley.

Más o menos por 2004, además, el rabino Yollis me invistió con la dignidad de un rabino a pesar de mi conocimiento solo rudimentario del hebreo; y poco después mi maestro desde los años setenta -Tarthang Tulku Rinpoche- me informó que había llegado a la etapa de fruición de mi desarrollo espiritual y me hizo entrega del manto blanco de un Nakpo o yogui.

Durante los últimos 10 años escribí y publiqué muchos libros (Sanar la civilización, El ego patriarcal, El viaje interior, Hermenéutica musical, 27 personajes en busca del ser, La revolución que esperábamos, Budismo dionisiaco, y Ayahuasca) y di muchísimas conferencias. También recibí tres doctorados Honoris Causa (uno de ellos en educación de la Universidad de Udine en Italia, otro en psicología humanista de la Universidad Concordia en México, y uno de la Universidad Gestalt de la Ciudad de México, por el empeño en el campo de la educación). Fui nombrado asesor del foro global para el futuro de la educación en Rusia, fundé la Universidad Global Claudio Naranjo (con el apoyo del gobierno mexicano) y he sido recientemente nominado como candidato al Premio Nobel de la paz».

Fuente:

https://www.claudionaranjo.net/navbar_spanish/autobiography_spanish.html

***19-septiembre-2019: Fallece Bert Hellinger, creador de las Constelaciones Familiares.**

En 2004, Bert Hellinger recibió el Premio Nobel alternativo por Medicina Integrativa.

En 2008, Bert Hellinger recibió el Doctorado honoris causa por Medicina Integrativa en Sri Lanka. En el mismo año también recibió otro premio por su contribución especial a la Medicina Integrativa en Nueva York / EE. UU.

En 2007, Bert Hellinger recibió un premio por su contribución especial a la Medicina Integrativa en Santa Fe / EE. UU.

En 2012, la junta directiva de las universidades de México otorgó a Bert y Sophie Hellinger los Laureles de Oro como "reconocimiento de los descubrimientos metodológicos y filosóficos que contribuyen fundamentalmente al bienestar de la humanidad".

Nominado al Premio Nobel de la Paz (2012).

En 2014, Bert Hellinger se convirtió en ciudadano honorario del estado federal de México en Tlalnepantla.

Ha escrito y publicado más de 30 libros (más de 100 ediciones, si se cuenta que han sido traducidos a 38 idiomas, con éxito mundial.

Fuentes:
https://aebh.net/wp-content/uploads/2017/02/Information-on-Bert-Hellinger.pdf
https://www.insconsfa.com/hellinger_biografia.php

*Intervenciones psicológicas para los síntomas complejos del TEPT de la CIE-11: revisión sistemática y metanálisis.

Psychological interventions for ICD-11 complex PTSD symptoms: systematic review and meta-analysis.
Thanos Karatzias, Philip Murphy, Marylene Cloitre, Jonathan Bisson
DOI: https://doi.org/10.1017/S0033291719000436
Published online by Cambridge University Press: 12 March 2019
Texto completo en inglés:
https://pdfs.semanticscholar.org/c80d/0cae85ef83e1643b5f39d01ce0b8d41ca22e.pdf

Abstract
Antecedentes: La undécima revisión de la Clasificación Internacional de Enfermedades de la OMS (CIE-11) identificó el trastorno de estrés postraumático complejo (TEPT) como una nueva afección. Hay una necesidad apremiante de identificar intervenciones efectivas de CPTSD.

Métodos: Llevamos a cabo una revisión sistemática y un metanálisis de ensayos controlados aleatorios (ECA) de intervenciones psicológicas para el trastorno de estrés postraumático (TEPT), donde los participantes tenían niveles basales clínicamente significativos de uno o más grupos de síntomas de TEPT (afecta la desregulación, autoconcepto negativo y / o relaciones perturbadas). Se realizaron búsquedas en las bases de datos MEDLINE, PsycINFO, EMBASE y PILOTS (enero de 2018), y se examinaron los estudios y la calidad de los resultados.

Resultados: Cincuenta y un ECA cumplieron los criterios de inclusión. La terapia cognitiva conductual (TCC), la exposición sola (EA) y la desensibilización y reprocesamiento del movimiento ocular (EMDR) fueron superiores a la atención habitual para los síntomas de TEPT, con efectos que van desde $g = -0.90$ (TCC; $k = 27$, IC 95% -1.11 a -0.68; calidad moderada) a $g = -1.26$ (EMDR; $k = 4$, IC 95% -2.01 a -0.51; baja calidad).

La TCC y la EA tuvieron efectos moderados, grandes o grandes sobre el autoconcepto negativo, pero solo un ensayo de EMDR proporcionó datos utilizables. CBT, EA y EMDR tuvieron efectos moderados o moderados en las relaciones perturbadas. Pocos ECA informados afectan los datos de desregulación. Los beneficios de todas las intervenciones fueron menores en comparación con las intervenciones no específicas (por ejemplo, hacerse amigo). La meta-regresión multivariada sugirió que el trauma de inicio en la infancia se asoció con un peor resultado.

Conclusiones: El desarrollo de intervenciones efectivas para el TEPT puede basarse en el éxito de las intervenciones de TEPT. La investigación adicional debe evaluar los beneficios de la flexibilidad en la selección, secuenciación y entrega de la intervención, según la necesidad clínica y las preferencias del paciente.

***Dra. Peta Stapleton y su libro «The Science Behind Tapping» (La Ciencia detrás del Tapping).**

Fue lanzado en abril 2019 por *Hay House*. La autora, Doctora Peta Stapleton, tiene 25 años de experiencia como psicóloga clínica y de salud registrada, y actualmente es profesora asociada de Psicología en la Universidad de Bond (Australia). Adopta la práctica basada en la evidencia, le apasionan las técnicas nuevas e innovadoras y es una investigadora líder mundial en EFT (o Tapping como también se la conoce).

La investigadora Dra. Peta Stapleton afirma que EFT Tapping se encuentra en el 10% superior de los tratamientos que se investigan en el campo de la psicología energética. La investigación hasta la fecha incluye más de 100 publicaciones científicas, con al menos 50 ensayos controlados aleatorios, 40 estudios de resultados previos y posteriores, ¡y el 98% de esos 90 estudios muestran efectividad! Además, cuatro metaanálisis, cinco revisiones sistemáticas y muchos cientos de estudios de casos contribuyen a la evidencia de que EFT funciona.

https://academiaeft.com/web/media/2515690x18823691.pdf

La Dra. Stapleton, en su puesto actual en la Universidad de Bond, realizó una investigación sobre los efectos de EFT en los antojos de alimentos, en conjunto con el Gold Coast Surgical Hospital, utilizando su equipo de vanguardia fMRI (Imágenes de resonancia magnética funcional). *Esta investigación innovadora es la primera en el mundo que ha utilizado escáneres fMRI para mostrar evidencia física y científica real de cómo funcionan las técnicas de autoayuda de EFT en estas condiciones, al cambiar las vías neuronales del cerebro involucradas en la adicción y los antojos.* El tapping parece calmar las áreas de "estrés" del cerebro, liberándonos de los factores estresantes que pueden provocar malos hábitos. A los participantes se les mostraron imágenes de alimentos, antes y después del Tapping, mientras se les realizaba un escáner cerebral. Al comentar sobre los participantes y sus escaneos, el Dr. Stapleton dijo: "Después de cuatro semanas de EFT, esperábamos ver aquellas partes del cerebro que generalmente activan sus antojos y hambre en respuesta a ciertos alimentos ya no lo harían, y esto ciertamente ha sido el caso ", continuó, "las vías neuronales del cerebro 'se reconectan' y su deseo por esos alimentos disminuye".

https://petastapleton.com/resources/the-ultimate-tapping-guide/

***Estado actual de la Psicología Energética. Actualizado en julio de 2019.**
The State of Energy Psychology Research.
The Association for Comprehensive Energy Psychology (ACEP). United States of America.
https://www.energypsych.org/page/Research_Landing

Si bien la psicología energética como campo aún es relativamente joven, su base de evidencia continúa creciendo tanto en cantidad como en calidad.
Hasta julio de 2019, se han publicado más de 100 estudios de investigación, 5 metaanálisis y 12 artículos de revisión sobre métodos EP (Energetic Psychology) en revistas revisadas por pares. Estas modalidades han sido investigadas por más de 200 investigadores en más de 12 países.

Más de cincuenta ensayos controlados aleatorios han documentado la eficacia de estos métodos.

Los resultados de estos estudios se han publicado en más de 15 revistas revisadas por pares diferentes, incluidas la revista Journal of Clinical Psychology, la revista Journal of Nvascular and Mental Disease y las revistas APA Psychotherapy: Theory, Research, Practice, Training and Review of General Psychology . Si bien las preguntas sobre el mecanismo permanecen, específicamente cómo funcionan estas técnicas, un cuerpo de investigación robusto y creciente continúa documentando su eficacia.

NREPP, el Registro Nacional de Programas y Prácticas Basados en la Evidencia en los EE. UU., Una división de SAMHSA (Administración de Servicios de Abuso de Sustancias y Salud Mental) ha revisado la investigación sobre TFT (Thought Field Therapy, la modalidad EP original), y la encontró ser eficaz para tratar los síntomas del estrés postraumático.

La próxima frontera de la investigación de EP implica explorar los mecanismos de acción de estas modalidades e investigar cambios fisiológicos concurrentes utilizando herramientas tales como chips de genes, escaneos qEEG y fMRI, y ensayos de neurotransmisores.

***Comparación de la efectividad de EMDR y TF-CBT para niños y adolescentes: un meta-análisis.**
Response to "Comparing the Effectiveness of EMDR and TF-CBT for Children and Adolescents: a Meta-Analysis. Agosto de 2019.
Doi: https://doi.org/10.1007/s40653-019-00257-1
Artículo completo en inglés:

Lo que sugiere el metanálisis es que, con respecto al tratamiento del TEPT (Transtorno de Estrés Postraumático) en niños y adolescentes, los efectos tanto de la Terapia Cognitivo Conductual (CBT) como de EMDR son replicables y robustos. Sin embargo, más estudios metodológicamente sólidos con muestras grandes son necesarios para determinar si hay diferencias en el efecto de la efectividad de las terapias de trauma utilizadas para niños y adolescentes, como TF-CBT y terapia EMDR.

***Los efectos de la enseñanza basada en el cerebro con I-Think Maps y Brain Gym Approach hacia la comprensión de la física.**

The Effects of Brain-Based Teaching With I-Think Maps and Brain Gym Approach towards Physics Understanding.
S. Saleh, A. Mazlan
Doi: https://doi.org/10.15294/jpii.v8i1.16022
https://journal.unnes.ac.id/nju/index.php/jpii/article/view/16022
Texto completo en inglés:
https://journal.unnes.ac.id/nju/index.php/jpii/article/download/16022/9016

El propósito de este estudio fue evaluar los efectos de la enseñanza basada en el cerebro con i-Think Maps y el Brain Gym Approach (BBT-iTBA) en comparación con el enfoque de enseñanza convencional (CTA) para la comprensión conceptual de la física entre los estudiantes de matriculación masculinos y femeninos en el norte de la península de malasia. Participaron 180 estudiantes (83 hombres y 97 mujeres), de alrededor de 19 años, de dos colegios de matriculación, como muestra de investigación para la población objetivo. Los efectos del BBT-iTBA en comparación con el CTA hacia la comprensión conceptual de la Física entre los estudiantes se determinaron utilizando un diseño de grupo cuasi-experimental no equivalente, que involucra un grupo experimental de estudiantes (expuesto a BBT-iTBA) y un grupo de estudiantes de control. (recibido CTA). Los datos recopilados de la Prueba de comprensión conceptual de física (PCUT), administrada en la muestra antes y después de la intervención de ambos enfoques de enseñanza, se analizaron estadísticamente.

Los resultados del análisis ANOVA bidireccional indicaron que después de la intervención, la comprensión conceptual de la física de los estudiantes difiere significativamente debido a la implementación de los diferentes enfoques de enseñanza, con un gran efecto de tamaño. Los estudiantes que estuvieron expuestos a BBT-iTBA tuvieron un rendimiento significativamente mejor en el PCUT que los estudiantes que recibieron CTA. Aunque el género por sí solo no afectó la comprensión conceptual de Física de los estudiantes, los resultados obtenidos revelaron que los efectos de la interacción entre la implementación de los enfoques de enseñanza y el género en el logro de la comprensión conceptual de Física de los estudiantes fueron significativos, con un simple efecto de tamaño. Las principales características de BBT-iTBA son: centrarse en la función óptima del cerebro; promoviendo y mejorando las habilidades de pensamiento; y creando un ambiente de aprendizaje relajado y divertido; se encuentran los factores desencadenantes significativos para que los estudiantes comprendan mejor la física conceptualmente y se destaquen en la materia.

***Tecnologías de lo social: terapia de Constelación Familiar y remodelación de la individualidad relacional en China y México.**

Technologies of the Social: Family Constellation Therapy and the Remodeling of Relational Selfhood in China and Mexico.
Sonya E Pritzker, Whitney L Duncan. *Culture, Medicine and Psychiatry 2019 May 6*
Doi: https://doi.org/10.1007/s11013-019-09632-x
Abstract: https://www.ncbi.nlm.nih.gov/pubmed/31062219
Artículo completo en inglés:
https://www.researchgate.net/publication/332882887_Technologies_of_the_Social_Family

En este artículo, investigamos cómo una modalidad terapéutica cada vez más popular, la Terapia de Constelación Familiar (FCT), funciona simultáneamente como una tecnología del yo (Foucault, Tecnologías del yo: un seminario con Michel Foucault, University of Massachusetts Press, Amherst, 1988) así como lo que aquí llamamos una "tecnología de lo social". En FCT, el yo se entiende como un conjunto de relaciones ancestrales que a menudo crea problemas en la actualidad. La curación de este ser multigeneracional implica identificar y corregir dinámicas familiares ocultas en sesiones grupales de alta intensidad donde otros participantes representan al cliente principal y a los miembros de su familia, tanto vivos como fallecidos. Basándonos en datos etnográficos recopilados en múltiples talleres de FCT en Beijing, China y la ciudad de Oaxaca, México, mostramos cómo FCT reorganiza ritualmente los límites entre uno mismo y el otro de formas novedosas, creando un espacio colectivo para la reflexión moral compartida sobre problemas sociales, históricos y culturales problemáticos. patrones.

Al demostrar las formas en que la FCT se desarrolla como una tecnología personal y social, este artículo contribuye a las conversaciones en curso sobre cómo teorizar efectivamente la socialidad en la práctica terapéutica, y problematiza los enfoques críticos que enfatizan la gubernamentalidad y la conmensuración (Mattingly, el peligro familiar de los laboratorios morales y la lucha para una buena vida, University of California Press, Oakland, 2014; Duncan, Transformando la terapia: práctica de salud mental y cambio cultural en México, Vanderbilt University Press, Nashville, 2018; Matza, terapia de choque: psicología, precariedad y bienestar en postsocialista Rusia, Duke University Press, Durham, 2018; Pritzker, presentado en la conferencia "Vivir bien en China", Irvine, CA, 2018; Mattingly, Anthropol Theory, 2019; Zigon, "El VIH es la bendición de Dios": rehabilitación de la moralidad en la Rusia neoliberal , University of California Press, Berkeley, 2011).

2018

***«Estudios de psicología energética con abstracts (resúmenes) organizados por categoría». Actualizado en enero 2018.**
Artículo completo en inglés (133 páginas):
«Energy Psychology Studies with Abstracts Organized by Category».
https://cdn.ymaws.com/www.energypsych.org/resource/resmgr/EP
_Studies_with_Abstracts_by.pdf

Los estudios de investigación revisados por pares y los artículos de revisión en esta sección están organizados en las siguientes categorías:
Rendimiento académico
Adicciones, antojos, trastornos alimentarios y pérdida de peso
Ira
Ansiedad
Depresión
Expresión genética y epigenética
Trastornos del aprendizaje
Dolor y condiciones físicas
Fobias
Desórdenes psiquiátricos
PTSD y trauma
Deportes y rendimiento atlético
Estrés y calidad de vida
Teléfono y Telemedicina
Artículos teóricos, revisiones y metaanálisis
Trabajo y lugar de trabajo

***¿Hacer tapping en los puntos de acupuntura es un ingrediente activo en las técnicas de liberación emocional? Una revisión sistemática y metaanálisis de estudios comparativos**.

Is Tapping on Acupuncture Points an Active Ingredient in Emotional Freedom Techniques? A Systematic Review and Meta-analysis of Comparative Studies.

Church, D., Stapleton, P., Yang, A., & Gallo, F. (2018). Is Tapping on Acupuncture Points an Active Ingredient in Emotional Freedom Techniques? A Systematic Review and Meta-analysis of Comparative Studies. The Journal of nervous and mental disease, 206(10), 783-793.

Abstract: https://doi.org/10.1097/NMD.0000000000000878

Artículo completo en inglés:

https://www.researchgate.net/profile/Dawson_Church2/publication/328002243_Is_Ta ppinanalysis_of_Comparative_Studies/links/5c575870299bf12be3fa8577/IsTapping-on-Acupuncture-Points-an-Active-Ingredient-in-Emotional-FreedomTechniques-A-Systematic-Review-and-Meta-analysis-of-ComparativeStudies.pdf

Las técnicas de liberación emocional (EFT) combinan elementos de reestructuración cognitiva y técnicas de exposición con estimulación de puntos de acupuntura. Los meta-análisis indican grandes efectos para el trastorno de estrés postraumático, la depresión y la ansiedad; sin embargo, los efectos del tratamiento pueden deberse a componentes que EFT comparte con otras terapias.

Este análisis revisó si el componente de acupresión de EFT era un ingrediente activo. Se compararon seis estudios de adultos con síntomas psicológicos o físicos diagnosticados o autoidentificados (n = 403), y se identificaron tres (n =102). El tratamiento con EFT antes y después de la prueba mostró un gran efecto, Cohen's d = 1.28 (intervalo de confianza [IC] del 95%, 0.56 a 2.00) y Hedges 'g = 1.25 (IC 95%, 0.54 a 1.96). Los grupos de acupresión demostraron resultados moderadamente más fuertes que los controles, con tamaños ponderados del efecto postratamiento de d = -0.47 (IC del 95%, -0.94 a 0.0) y g = -0.45 (IC del 95%, -0.91 a 0.0). El meta-análisis indicó que el componente de acupresión era un ingrediente activo y los resultados no se debieron únicamente al placebo, los efectos inespecíficos de cualquier terapia o los componentes no relacionados con la acupresión.

***Pautas para el tratamiento del trastorno de estrés postraumático utilizando EFT clínica (técnicas de liberación emocional).**

Guidelines for the Treatment of PTSD Using Clinical EFT (Emotional Freedom Techniques)
Dawson Church, Peta Stapleton, Phil Mollon, David Feinstein, Elizabeth Boath, David Mackay, and Rebecca Sims

Healthcare (Basel). 2018 Dec; 6(4): 146. Published online 2018 Dec.
DOI: https://dx.doi.org/10.3390%2Fhealthcare6040146
Artículo completo en inglés:
https://www.ncbi.nlm.nih.gov/pmc/articles/PMC6316206/

Abstract

El EFT Clínico (Técnicas de liberación emocional) es un método basado en evidencia que combina la acupresión con elementos extraídos de terapias cognitivas y de exposición. El enfoque ha sido validado en más de 100 ensayos clínicos. Su eficacia para el trastorno de estrés postraumático (TEPT) se ha investigado en una variedad de grupos demográficos, incluidos veteranos de guerra, víctimas de violencia sexual, cónyuges de pacientes con TEPT, sobrevivientes de accidentes automovilísticos, prisioneros, pacientes de hospitales, adolescentes y sobrevivientes de enfermedades naturales, y desastres causados por el hombre. Los metanálisis de EFT para la ansiedad, la depresión y el TEPT indican efectos del tratamiento que exceden los de la psicofarmacología y la psicoterapia convencional. Los estudios de EFT en el tratamiento del TEPT muestran que (a) los plazos para un tratamiento exitoso generalmente varían de cuatro a 10 sesiones; (b) las sesiones de terapia grupal son efectivas; (c) las condiciones comórbidas como la ansiedad y la depresión mejoran simultáneamente; (d) el riesgo de eventos adversos es bajo; (e) el tratamiento produce mejoras fisiológicas y psicológicas; (f) las ganancias del paciente persisten en el tiempo; (g) el enfoque es rentable; (h) los biomarcadores como las hormonas del estrés y los genes están regulados; y (i) el método puede adaptarse a aplicaciones en línea y de telemedicina.

Este documento recomienda pautas para el uso de EFT en el tratamiento del TEPT derivado de la literatura y una encuesta detallada a profesionales. Ha sido revisado por las principales instituciones que brindan capacitación o apoyan la investigacíón en el método.

Las pautas recomiendan un modelo de atención escalonada, con cinco sesiones de tratamiento para el TEPT subclínico, 10 sesiones para el TEPT y escalada a psicoterapia intensiva o psicofarmacología o ambas para pacientes que no responden y aquellos con trauma del desarrollo. La terapia grupal, el apoyo social, las aplicaciones y los métodos en línea y de telemedicina también contribuyen a un plan de tratamiento exitoso.

*25 años de Eye Movement Desensitization and Reprocessing: protocolo de aplicación, hipótesis de funcionamiento y revisión sistemática de su eficacia en el trastorno por estrés postraumático.

25 years of Eye Movement Desensitization and Reprocessing (EMDR): The EMDR therapy protocol, hypotheses of its mechanism of action and a systematic review of its efficacy in the treatment of post-traumatic stress disorder

DOI: https://doi.org/10.1016/j.rpsmen.2015.12.002

Patricia Novo Navarro, Ramón Landin-Romero Rocio Guardiola-WandenBerghe, Ana Moreno-Alcázar, Alicia Valiente-Gómez, Walter Lupo, Francisca García, Isabel Fernández, Víctor Pérez Benedikt L. Aman

Artículo completo en inglés:

https://www.elsevier.es/en-revista-revista-psiquiatria-salud-mental-486-pdfS2173505018300086

Artículo en **español**: https://www.elsevier.es/es-revista-revista-psiquiatria-salud-mental--286-articulo-25-anos-eye-movement-desensitization-S1888989116000197

La desensibilización y el reprocesamiento del movimiento ocular (EMDR) es una psicoterapia relativamente nueva que gradualmente ha ganado popularidad para el tratamiento del trastorno de estrés postraumático. En el presente trabajo, se introduce el protocolo EMDR estandarizado, junto con las hipótesis actuales de su mecanismo de acción, así como una revisión crítica de la literatura disponible sobre su efectividad clínica en el trastorno de estrés postraumático en adultos. Se realizó una revisión sistemática de la literatura publicada utilizando las bases de datos PubMed y PsycINFO con las palabras clave "desensibilización y reprocesamiento del movimiento ocular" y "trastorno de estrés postraumático" y sus abreviaturas "EMDR" y "TEPT". Se seleccionaron 15 ensayos controlados aleatorios de buena calidad metodológica. Estos estudios compararon EMDR con intervenciones inespecíficas, listas de espera o terapias específicas. En general, los resultados de estos estudios sugieren que EMDR es una herramienta útil y basada en la evidencia para el tratamiento del trastorno de estrés postraumático, de acuerdo con las recomendaciones recientes de diferentes organizaciones internacionales de salud.

***Respondiendo al trauma psicológico intergeneracional: un artículo de revisión de literatura sobre el lugar de la terapia de Constelación Familiar.**

Responding to intergenerational psychological trauma: A literature review paper on the place of Family Constellation Therapy.

John Hurley, PhD, credentialed mental health nurse, School of Health and Human Sciences, Southern Cross University, NSW; Margarete Koenning, BA (Social Work), certified gestalt therapist, Family and systemic constellation trainer; Angeline Bray, Grad. Dip. Mental Health Nursing, gestalt therapist and credentialed mental health nurse, Headspace Coffs Harbour, NSW

Artículo completo en inglés: http://pacja.org.au/?p=4441

Conclusión: Dado el conocimiento biológico y sociológico sobre el trauma intergeneracional que está surgiendo (Yehuda et al., 2014), podría decirse que existe una base creciente para apoyar las teorías fenomenológicas originales desarrolladas por Hellinger. Los hallazgos dentro de la literatura son limitados, pero parecen sugerir que la Terapia de Constelaciones Familiares (FCT, Family Constellation Therapy) puede ser útil como complemento de otras terapias o puede integrarse en otros enfoques. Por lo tanto, se requiere investigación programática para construir una base de evidencia alrededor de FCT. Esto requiere enfoques tanto deductivos como inductivos para aumentar nuestro conocimiento. Mientras Weinhold et al. (2013) y Hunger et al. (2017) están midiendo deductivamente los resultados cuantitativos de la FCT. También es necesario mejorar sistemáticamente la comprensión inductiva de las experiencias vividas de la FCT.

Los estudios RCT (Randomized Controlled Trial, Estudios Aleatorizados Controlados) sobre FCT se realizan en ausencia de una base sólida de estudios cualitativos, y la mayoría de las pruebas disponibles se basan en estudios de casos. Paradójicamente, para una terapia basada en la fenomenología, hay una escasez de estudios cualitativos diseñados fenomenológicamente sobre la FCT.

Dichos estudios cualitativos deben llevarse a cabo para capturar no solo los componentes existenciales contextualizadores que impactan en estas experiencias, sino también para comprender cómo aquellos que experimentan FCT han integrado con éxito esas experiencias con otras terapias. Del mismo modo, se requiere que los estudios basados en RCT agreguen validez al caso de que los arreglos de financiamiento para terapias psicológicas no reflejan la comprensión emergente de la angustia psicológica intergeneracional.

***Terapia cognitivo conductual versus desensibilización y reprocesamiento del movimiento ocular en pacientes con trastorno de estrés postraumático: revisión sistemática y metaanálisis de ensayos clínicos aleatorizados.**
Cognitive Behavioral Therapy versus Eye Movement Desensitization and Reprocessing in Patients with Post-traumatic Stress Disorder: Systematic Review and Meta-analysis of Randomized Clinical Trials.

Ali M. Khan, Sabrina Dar, Rizwan Ahmed, Ramya Bachu, Mahwish Adnan, Vijaya Padma Kotapati.

Published: September 04, 2018.
DOI: www.doi.org/10.7759/cureus.3250

Artículo completo en inglés:
https://www.cureus.com/articles/14386-cognitive-behavioral-therapy-versuseye-movement-desensitization-and-reprocessing-in-patients-with-post-traumaticstress-disorder-systematic-review-and-meta-analysis-of-randomized-clinicaltrials

Abstract

Antecedentes: El trastorno de estrés postraumático (TEPT) es frecuente en niños, adolescentes y adultos. Puede ocurrir solo o en comorbilidad con otros trastornos. Se ha desarrollado una amplia gama de psicoterapias, como la terapia cognitiva conductual (TCC) y la desensibilización y reprocesamiento del movimiento ocular (EMDR) para el tratamiento del TEPT.

Objetivo: A través del metanálisis cuantitativo, nuestro objetivo fue comparar la eficacia de la TCC y EMDR: (i) aliviar los síntomas postraumáticos, y (ii) aliviar la ansiedad y la depresión, en pacientes con TEPT.

Métodos: Se realizaron búsquedas sistemáticas en EMBASE, Medline y el registro central de ensayos controlados Cochrane (CENTRAL) de artículos publicados entre 1999 y diciembre de 2017. Se incluyeron ensayos clínicos aleatorios (ECA) que comparan TCC y EMDR en pacientes con TEPT para un metanálisis cuantitativo utilizando RevMan Versión 5. Resultados: Catorce estudios de 714 finalmente fueron elegibles. El metanálisis de 11 estudios (n = 547) mostró que EMDR es mejor que la TCC para reducir los síntomas postraumáticos [SDM (IC 95%) = -0,43 (-0,73 - -0,12), p = 0,006]. Sin embargo, el metanálisis de cuatro estudios (n = 186) en el seguimiento de tres meses no reveló diferencias estadísticamente significativas [SDM (IC 95%) = -0,21 (-0,50 - 0,08), p = 0,15]. El EMDR también fue mejor que la TCC en la reducción de la ansiedad [SDM (IC 95%) = -0.71 (-1.21 --0.21), p = 0.005]. Desafortunadamente, no hubo diferencia entre TCC y EMDR en la reducción de la depresión [SDM (IC 95%) = -0,21 (-0,44 - 0,02), p = 0,08].

Conclusión: Los resultados de este metanálisis sugirieron que EMDR es mejor que la TCC para reducir los síntomas postraumáticos y la ansiedad. Sin embargo, no se informaron diferencias en la reducción de la depresión. Se recomiendan ensayos aleatorios de gran población con un seguimiento más largo para generar evidencia concluyente.

*Investigación de EFT en la India.

https://www.omicsonline.org/open-access/cognitive-behavioural-therapyand-emotional-freedom-technique-in-reducing-anxiety-and-depression-inindian-adults-1522-4821-1000403-102268.html

El presente estudio (2018) está en línea con un estudio realizado en Australia en 2016 por Hannah Chatwin et al. El objetivo del presente estudio es evaluar la efectividad comparativa de la terapia cognitivo-conductual (TCC) y la Técnica de liberación Emocional (EFT) en el tratamiento de la ansiedad y la depresión en adultos indios. Se seleccionaron sujetos aleatorios (n = 10) de Ahmedabad (una ciudad metropolitana) en India que fueron evaluados positivamente para el trastorno de ansiedad y depresión usando la escala de depresión, ansiedad y estrés (DASS21) y el Inventario de depresión de Beck (BDI2). Estos sujetos fueron asignados aleatoriamente a un programa de tratamiento de TCC o EFT de 8 semanas con 1 sesión por semana. Todos los participantes fueron evaluados después de 3 sesiones, 5 sesiones, 8 sesiones y después de 1 mes de seguimiento con DASS21 y BDI2. Los resultados del estudio muestran que ambos enfoques de intervención producen reducciones significativas en la ansiedad y los síntomas depresivos. El tratamiento con EFT produjo una marcada mejoría en la depresión después de 3 sesiones.

Después de 8 semanas de intervención, el grupo de TCC informó una mejoría significativa en la depresión, mientras que la terapia de intervención EFT mostró resultados significativos después de 1 mes de seguimiento. El examen de casos individuales mostró una mejoría clínicamente significativa en la ansiedad y la depresión en ambas intervenciones.

Los resultados son consistentes con los estudios previos de Hannah Chatwin et al. (2016) Los hallazgos actuales sugieren que EFT es de suma importancia como herramienta fundamental en el manejo de la ansiedad y la depresión en la población india.

*Síntesis de la evidencia científica en acupuntura (Diciembre 2018)

Juan Muñoz-Ortego y cols.

Doi: https://doi.org/10.1016/j.acu.2018.11.002

La evidencia científica determina la validez en todas las actividades de salud. Estudios anteriores han demostrado la existencia de evidencia científica favorable para la acupuntura. Actualmente, debido al sesgo de opinión o información errónea, la acupuntura está destinada a clasificarse como una pseudociencia. Este estudio se justifica por la necesidad de actualizar y demostrar la evidencia científica de las indicaciones de acupuntura médica en el manejo de ciertas condiciones de salud. Se realiza una revisión no sistemática de publicaciones recientes que cubren los mecanismos de acción, las principales indicaciones médicas y las guías de práctica clínica. Solo se incluyen los estudios con el nivel más alto de evidencia, tales como revisiones sistemáticas, meta-análisis, resúmenes y, en algunas condiciones, estudios controlados aleatorios. Los resultados se organizan en tablas para facilitar el acceso a la evidencia científica publicada para condiciones específicas. Se concluye que la acupuntura es un procedimiento médico técnico con un alto nivel de evidencia científica y no puede considerarse una pseudociencia.

*Comenta el **Dr. Caleb Lack** (2018), respecto a la Psicología Energética: «No hay evidencia que respalde la existencia del campo de energía humano, la manipulación de dicho campo o la canalización de la "energía" de una persona a otra. Además, estos conceptos están en conflicto directo con todo lo que sabemos sobre el funcionamiento de la física, la química y la biología».
Fuente: https://centerforinquiry.org/blog/energy-psychology-an-apa-endorsed-pseudoscience/

*Técnicas de liberación emocional (EFT) como un enfoque psicoterapéutico constructivista: reflexiones epistemológicas de un estudio cualitativo experimental.

Emotional Freedom Techniques (EFT) as a Constructivist Psychotherapeutic Approach: Epistemological Reflections from a Qualitative Experiential Study.

Mahima Kalla, PhD

Doi:

Abstract: https://www.semanticscholar.org/paper/Emotional-FreedomTechniques-(-EFT-)-as-a-ApproachKalla/029fec5dc7b37b849a97818ceb53c3b86702cdcd

Artículo completo en inglés:

https://pdfs.semanticscholar.org/029f/ec5dc7b37b849a97818ceb53c3b86702cdcd.pdf

Abstract

Este artículo presenta el primer análisis teórico y metodológico de la práctica de una técnica psicoterapéutica contemporánea llamada Técnicas de liberación emocional (EFT), para ser discutido en la literatura académica. Este análisis ha surgido de una reflexión epistemológica sobre un estudio de investigación cualitativa que exploró las experiencias de los usuarios de EFT para profundizar la atención médica de enfermedades crónicas físicas. Este estudio fue respaldado por una visión biopsicosocial de la salud y un enfoque de persona para la atención médica. Estableciendo el marco metodológico para este estudio, el investigador analizó el Enfoque terapéutico de EFT contra los principios de la psicoterapia terapéutica constructivista. El análisis sugirió que la práctica de EFT toma prestados al menos cuatro facetas claves de los enfoques psicoterapéuticos constructivistas, a saber: 'exploración y resolución de problemas de la vida temprana "," construcción de nuevos significados ","cliente como agente de cambio ", y "Perspectiva hacia las emociones". Cada una de estas facetas se explora en este artículo, a la luz de algunos ejemplos de casos de participantes del estudio. El análisis presentado en este artículo puede ayudar a la conceptualización y diseño de futuras investigaciones cualitativas y de métodos mixtos de estudios con EFT.

***El efecto del Reiki sobre el dolor: un meta-análisis.**
The effect of reiki on pain: A meta-analysis.
Complement Ther Clin Pract. 2018 May;31:384-387.
DOI: https://www.doi.org/10.1016/j.ctcp.2018.02.020
Epub 2018 Mar 10. Demir Doğan M
Abstract: https://www.ncbi.nlm.nih.gov/pubmed/29551623

Resumen
OBJETIVO: El dolor es uno de los síntomas más comunes y puede conducir a importantes problemas psicológicos, mentales y fisiológicos en las personas.

Según los datos del Centro de Investigación de Reiki, Reiki es un enfoque efectivo para disminuir los niveles de dolor, depresión y ansiedad. Por lo tanto, el objetivo de este metanálisis fue investigar el efecto de Reiki en el nivel de dolor.

MÉTODOS: Se investigaron ensayos clínicos controlados aleatorios en bases de datos de Pubmed, ISI Web of Sciences y Google Scholar. Se incluyeron 4 estudios controlados aleatorios con 212 participantes en el metanálisis.

RESULTADOS: El resultado obtenido después de la aplicación final de Reiki se evaluó en la puntuación de dolor VAS. Cuando se comparó el grupo Reiki (n = 104) con el grupo control (n = 108), se observó que la diferencia de medias estandarizada era -0.927 (IC del 95%: -1.867 a 0.0124). Se observó que Reiki causaba una disminución estadísticamente significativa en la puntuación VAS.

CONCLUSIÓN: En consecuencia, este metanálisis reveló que Reiki era un enfoque eficaz para aliviar el dolor.

***Reiki como medicina complementaria**.
Desde diciembre de 2018, la National Center for Complementary and Alternative Medicine (NCCAM) (Centro Nacional para medicina complementaria o alternativa), que depende de la National Institute of Health (Instituto Nacional de la Salud), es el organismo que ha elaborado información respecto al Reiki considerándolo como medicina complementaria.
https://nccih.nih.gov/health/reiki-info

***Cambios estructurales inducidos por la acupuntura en el cerebro en recuperación después de un accidente cerebrovascular isquémico.**
Structural Changes Induced by Acupuncture in the Recovering Brain after Ischemic Stroke.
Evidence-Based Complementary and Alternative Medicine. Volume 2018, Article ID 5179689, 8 pages.
DOI: https://doi.org/10.1155/2018/5179689

,1 Yu-mei Zhou,1 Chen-xi Liao,1 Yu-zhi Tang,1 Yong-xin Li , 2 Li-hua Qiu,3 Wei Qin,4 Fang Zeng ,1 and Fan-rong Liang. Published 23 May 2018
https://www.hindawi.com/journals/ecam/2018/5179689/

Texto completo en inglés:
https://www.researchgate.net/publication/325326032_Structural_Changes_Induced_by_Acupuncture_in_the_Recovering_Brain_after_Ischemic_Stroke/fulltext/5b060c98
0f7e9b1ed7c82ca0/Structural-Changes-Induced-by-Acupuncture-in-the-Recovering-
Brain-after-Ischemic-Stroke.pdf?origin=publication_detail

Abstract

El objetivo de este estudio fue observar los cambios en el tejido de la materia gris (GM) de los pacientes con accidente cerebrovascular isquémico, para explorar las respuestas a la terapia y el posible mecanismo de acupuntura. 21 pacientes con accidente cerebrovascular fueron asignados aleatoriamente para recibir acupuntura más tratamientos convencionales (Grupo A) o solo convencionales (Grupo B) durante 4 semanas. Todos los pacientes de ambos grupos aceptaron la exploración por resonancia magnética funcional en estado de reposo (fMRI) antes y después del tratamiento, y se realizó el análisis de morfometría basada en vóxel (VBM) para detectar los cambios en la estructura gris cerebral. El índice de Barthel modificado (MBI) se utilizó para evaluar el efecto terapéutico. En comparación con los pacientes en el Grupo B, los pacientes en el Grupo A exhibieron una mejora más significativa del grado de cambios de MBI de la intervención previa al tratamiento posterior.

Los análisis de VBM encontraron que después del tratamiento los pacientes en el Grupo A mostraron cambios extensos en GMV. En el Grupo A, el lóbulo frontal izquierdo, la circunvolución precentral, la circunvolución parietal superior, la corteza cingulada anterior y la circunvolución temporal media aumentaron significativamente, y la circunvolución frontal derecha, la circunvolución parietal inferior y la corteza cingulada media disminuyeron (corregido). Además, la corteza cingulada anterior izquierda y la circunvolución temporal media izquierda están relacionadas positivamente con el aumento en la puntuación de MBI (corregida). En el Grupo B, el giro precentral derecho y el giro frontal inferior derecho aumentaron (corregidos).

En conclusión, la acupuntura puede provocar una reorganización estructural pronunciada en las áreas frontales y la red de áreas de DMN, que puede ser el objetivo potencial de la terapia y el mecanismo potencial donde la acupuntura mejoró la recuperación motora y cognitiva.

***Un estudio exploratorio sobre el uso de la terapia de Integración del Movimiento Ocular (EMI) para tratar el trauma en la primera infancia en Sudáfrica.**
An Exploratory Study on the Use of Eye Movement Integration Therapy for Treating Trauma in Early Childhood in South Africa.
Charmaine van der Spuy & Adrian DuPlessis van Breda
Pages 157-174 | Published online: 09 Apr 2018
DOI: https://doi.org/10.1080/13575279.2018.1441126
Texto completo en inglés:
http://eyemovementintegration.be/StruwigZuid-Afrika.pdf

La Integración del Movimiento Ocular (Eye Movement Integration, EMI) es una técnica terapéutica neurobiológica que tiene como objetivo reducir los síntomas del trauma mediante el uso de movimientos oculares específicos.

Este artículo contribuye a la comprensión de EMI al determinar su utilidad con una muestra diversa de 12 niños traumatizados, de 5 a 7 años, en Sudáfrica. El estudio es una réplica de un estudio previo sobre el uso de EMI con adolescentes por parte de Struwig y van Breda, pero con una muestra de niños mucho más pequeños. Se utilizó un diseño exploratorio de un grupo, antes y después de la prueba, de métodos mixtos, para explorar la reducción de los síntomas del trauma después de una sola sesión de EMI e identificar consideraciones clínicas importantes al utilizar EMI con niños pequeños. Los resultados indican una reducción significativa en todos menos uno de los síntomas del estrés postraumático, medido por la Lista de verificación de síntomas de trauma para niños pequeños (TSCYC) y triangulada con comentarios cualitativos de los cuidadores. Surgieron consideraciones clínicas con respecto al manejo del período de concentración de niños pequeños, sus experiencias somáticas y disociación y fuertes reacciones emocionales. Los autores concluyen que EMI puede ser una intervención terapéutica breve útil para niños pequeños en entornos con recursos limitados.

*Terapia Gestalt Contemporánea.

Contemporary Gestalt therapy.

Brownell Philip

Abstract: https://psycnet.apa.org/record/2015-26919-008

Primeras páginas en inglés:

Gordon Wheeler (Lobb & Wheeler, 2013) describió el enfoque de la terapia Gestalt como la comprensión de los procesos y estructuras mediante los cuales los seres humanos organizan e interpretan sus mundos percibidos, es decir, un proceso de descubrimiento. Es una perspectiva hermenéutica y fenomenológica lograda en el curso de la terapia Gestalt a través de la relación entre el terapeuta y el cliente en medio de una situación compleja.

En este capítulo, proporciono una visión general teórica de la teoría central de la terapia Gestalt contemporánea. Ha recorrido un largo camino desde los días de Frederick y Laura Perls, quienes se centraron en la revisión del psicoanálisis (Perls, 1947/1969) en una temprana integración teórica de teorías existenciales, fenomenológicas y orgánicas (Brownell, 2010; Perls, Hefferline & Goodman, 1951/1972).

Desde entonces, las raíces pragmáticas de la terapia Gestalt clásica se han convertido en una fe en el proceso. Sus raíces fenomenológicas evolucionaron desde la conciencia de la experiencia actual hasta la apreciación de la cognición encarnada (Frank y La Barre, 2011; M. Johnson, 2007) y la interpretación de la experiencia (Gallagher y Zahavi, 2008). Su énfasis en el contacto, la reunión del organismo en el límite con otros en el campo ambiental, se convirtió en una comprensión enriquecida de la relación y una comprensión más compleja de la causalidad en el campo organismo-ambiente mismo. La teoría de campo de Kurt Lewin y otros se perfeccionó en la comprensión de los procesos intersubjetivos que ocurren en grupos, sociedades y culturas. Los aspectos experimentales de la terapia Gestalt maduraron en una comprensión de los procesos kinestésicos en la base de la experiencia primordial (Frank, 2001).

La terapia Gestalt contemporánea ha alcanzado la mayoría de edad como un enfoque integrador estrechamente asociado con la psicoterapia humanista.

Aunque la investigación específica de Gestalt ha sido escasa, los investigadores han generado suficiente investigación de este tipo, en todas las categorías, para informar una práctica basada en la evidencia de la terapia de Gestalt. Con el creciente movimiento para establecer una tradición de investigación para la terapia Gestalt, es probable que la literatura de investigación se vea bastante diferente con respecto a la terapia Gestalt dentro de los próximos 5 años, con muchos y diversos artículos de investigación disponibles en revistas revisadas por pares.

Los pensadores y profesionales de la Gestalt han desarrollado su integración original en un enfoque sofisticado que es más que multimodal. Está respaldado por una base filosófica bien pensada que se basa en la filosofía y la ciencia continentales. Es fenomenológico. Es relacional y dialógico. Es de campo teórico y estratégico, y es existencialmente experimental. Está unificado en la práctica del contacto, y este contacto es lo que lleva a los diversos principios de la terapia Gestalt a un enfoque teóricamente integrado.

Una creciente tradición de investigación está agregando evidencia a la base filosófica de Gestalt, y esa investigación ya ha demostrado que la terapia de Gestalt es al menos tan efectiva como otros enfoques de psicoterapia.

***Evidencia empírica de EMDR.**
Miguel Ángel Santed Germán

Documento (en español) sobre evidencia científica de EMDR.
Miguel Ángel Santed; Anabel González; Benedikt Amann; Alicia Valiente.
https://emdr-es.org/Content/PDF/Dossier%20Evidencia%20Cient%C3%ADfica%20EMDR%20Web.pdf

Transcripción del video sobre la Conferencia de Miguel Ángel Santed, realizada en enero 2019 en el Tercer Congreso de la Asociación EMDR de España.
https://www.youtube.com/watch?v=qQ8buraY1eM&feature=emb_logo

Hay que distinguir dos niveles muy importantes: una cosa es saber si un tratamiento funciona y en qué medida funciona en lo que vemos del tamaño del efecto. Les recuerdo de Estadística, el tamaño del efecto es una medida, es un estadístico que nos señala qué fuerza tiene un tratamiento para un trastorno.
Lo más importante, insisto, es saber si funciona o no, y luego explicar por qué.

Miren, se sabía desde hace décadas que la aspirina funciona para el dolor, pero no sabíamos por qué hasta hace unos siete años o algo así, no sabíamos por qué funcionaba la aspirina. La desensibilización sistemática, que es la aspirina de los psicólogos desde los años 60 ¿cierto? la desensibilización sistemática cuenta con cinco hipótesis alternativas a día de hoy. No se piensen que solo EMDR tiene hipótesis alternativas para explicar por qué funciona. La desensibilización sistemática en los años 70 tiene 5 y todavía hay alguno que dice: "es que no se sabe por qué funciona, bueno, lo de sensibilización y su temática tampoco".

Lo que necesitamos en primer lugar es saber si funciona o no y luego obviamente ya a la par saber por qué funciona, por tanto, que nadie descalifique el EMDR porque no sepamos del todo por qué funciona, hay muchos medicamentos que no sabemos por qué funcionan y muchas terapias psicológicas que no sabemos por qué funcionan bien.

Por lo tanto, esos dos niveles son importantes, saber en qué medida algo funciona, y luego saber por qué, y es preciso distinguirlos. No se pueden mezclar y este interés en verdad es un movimiento que deriva en las guías de tratamiento. Obviamente se han incrementado mucho los ensayos controlados y los meta-análisis en las últimas décadas y todo eso al final, se refleja en las guías de práctica clínica hoy en día, si no apareces en las guías de práctica clínica, no es que no seas nadie, te puedes ganar muy bien la vida, de hecho, hay muchas terapias que no tienen vocación de contrastarse experimentalmente.

El alma del movimiento de terapias basadas en la evidencia de los ensayos controlados, y los meta-análisis que se hacen sobre los ensayos controlados, y finalmente su aparición en las guías de tratamiento.

No me vale lo que ustedes me digan, tenemos que ver las guías de tratamiento, que se basan en décadas de investigación con miles de pacientes. Su opinión no cuenta, lo siento, afortunadamente, el incremento de investigación en el medio de los últimos años se ha visto muy incrementado.

Bien, todo eso si no se refleja con las guías de tratamiento, de nada vale. Puede haber mucha investigación, pero si los tamaños del efecto que se han obtenido son bajos o la calidad metodológica de los estudios es mala, al final no vamos a figurar en las guías de tratamiento. Por lo tanto, la pregunta es ¿figuramos en las guías de tratamiento? la respuesta es sí. Esta la guía de tratamiento de la Asociación Psiquiátrica Americana, es una mala guía, es una guía no actualizada. es una guía de 2004 y en una revisión de 2009, en realidad, prácticamente no se modifica nada para el caso de EMDR. La investigación que hay hasta el 2004 no nos sirve, estamos en 2018, y nos sitúa en un nivel de recomendación 2 para el trastorno de estrés postraumático; insisto, esta guía no está actualizada.

Bien, la OMS, miren la guía de la APA de la Asociación Psicológica Americana (no de la de Psiquiatría) utiliza una expresión coloquial. ¿Qué dice la guía de la OMS? no da recomendaciones fuertes a casi ninguna terapia, dice la guía de la OMS: es una guía rigurosa, muy exigente, esta es versión 2013, cada día tiene una estructura diferente. Ya les adelanto: donde necesitamos más investigación en EMDR es en niños y adolescentes, en ex combatientes y en trastorno de estrés agudo. Eso ya lo adelanté, va a quedar reflejado en las guías, pero somos Terapia de Primera Recomendación para trastorno de estrés postraumático en adultos. Lo que nos dice la guía de la OMS es que no hay ninguna terapia que haya demostrado ser eficaz -todavía ninguna- a nivel de exigencia.

La propia la propia Francine os decía en 2009: no hay suficiente investigación de EMDR para intervención temprana. Nos lo dice ella, no tenemos suficiente investigación, se requiere hacer mucho más.

Lo primero que tenemos que conocer es el concepto de Trans Diagnóstico. Es un concepto moderno, aunque en realidad es tan antiguo como el psicoanálisis. Se basa en el hecho de conocer qué variables pueden explicar distintos trastornos de un mismo grupo. Lo que trata de hacer es categorizar trastornos y encontrar las diferencias entre ellos, pero es verdad también que hay variables que denominamos trans diagnósticas, por ejemplo, la autoestima puede ser una variable trans diagnostica a distintos trastornos del estado de ánimo, incluso de ansiedad.

La autoestima o el autoconcepto para entender por qué EMDR se puede aplicar a otros trastornos. Debemos entender el concepto tras diagnóstico porque el trauma es un concepto trans diagnóstico y porque sabemos que el trauma es un concepto trans diagnóstico, es decir, que hay pacientes con muy diversos trastornos que tienen traumas en su infancia, en su adolescencia o en la edad adulta ¿por qué lo sabemos, porque lo opinamos así? No, porque lo investigamos, este es un ejemplo de artículo en el que se demuestra cómo hay trauma en infancia adolescencia. En muchos tipos de trastornos hay muchos estudios de este tipo demostrando trauma en psicosis en adicciones en trastornos de la conducta alimentaria en depresión etcétera, etcétera. Por eso, es que EMDR siendo una terapia orientada al trauma y siendo el trauma un concepto tras diagnóstico puede ser aplicado a otros trastornos y no solo a trastorno de estrés postraumático o trastorno de estrés agudo. Esa es la razón, no porque sea mágico eso de los ojos, no es por eso. Pero claro, sobre otros trastornos tenemos menos evidencia que con trastorno estrés postraumático. Es una terapia joven en comparación con la terapia de conducta, son muy pocas décadas de investigación todavía, y por eso en estos otros trastornos tenemos menos evidencia en psicosis, y se señala que EMDR es igual de eficaz que la relajación o que el tratamiento estándar de Exposición.

*Emergiendo de lo místico: repensar las pruebas de respuesta muscular como un efecto ideomotor.

Emerging from the Mystical: Rethinking Muscle Response Testing as an Ideomotor Effect.

Anne M. Jensen

Doi: 10.9769/EPJ.2018.10.2.AJ

Texto completo en inglés:
https://www.researchgate.net/profile/Anne_Jensen6/publication/332549233_Emerging_from_the_Mystical_Rethinking_Muscle_Response_Testing_as_an_Ideomotor_Effect/links/5cbc5882299bf1209774c32a/Emerging-from-the-Mystical-Rethinking-Muscle-Response-Testing-as-an-Ideomotor-Effect.pdf?origin=publication_detail

Resumen

La prueba de respuesta muscular (MRT) es una herramienta de evaluación que se estima que es utilizada por más de un millón de personas en todo el mundo, principalmente en el campo de la atención médica alternativa. Durante una prueba, un médico aplica una fuerza sobre el músculo contraído isométricamente de un paciente con el fin de obtener información sobre el paciente para guiar la atención. El médico toma nota de la capacidad o incapacidad del paciente para resistir la fuerza e interpreta el resultado de acuerdo con criterios predeterminados. Aunque investigaciones recientes respaldan la validez de la MRT, se sabe poco sobre su mecanismo de acción. Sin embargo, su causalidad se atribuye a menudo a un efecto ideomotor, que puede definirse como actividad muscular, potencialmente inconsciente, y aparentemente provocada por un operador externo. En consecuencia, el objetivo de este estudio es investigar si el efecto ideomotor es una explicación plausible de la acción de MRT.

Métodos

Este es un estudio observacional retrospectivo de la extracción de datos de un estudio previamente informado sobre la precisión diagnóstica de la MRT utilizada para distinguir declaraciones verdaderas de falsas. Se llevó a cabo un análisis adicional sobre el conjunto de datos para evaluar las posibles fuentes de sesgo, tanto del profesional como del paciente.

Resultados

Cuando los médicos eran ciegos, lograron una precisión media de MRT del 65,9% (IC del 95%: 62,3 a 69,5), y cuando no eran ciegos, del 63,2% (IC del 95%: 58,3 a 68,1). No se encontraron diferencias significativas entre estas puntuaciones (p = 0,37). Cuando los médicos fueron engañados de forma intermitente, la precisión media de MRT disminuyó al 56,6% (IC del 95%: 49,4 a 63,8), lo que resultó ser significativamente diferente de cuando los médicos eran ciegos (p = 0,02), pero no significativamente diferente de cuando los médicos eran no ciego (p = 0,11). Además, no se descubrió ninguna evidencia de sesgo del paciente.

Conclusión

Los resultados de este estudio demuestran que, al comparar condiciones ciegas y no ciegas, el médico no evoca ninguna influencia, por lo que es poco probable que el médico sea responsable de un efecto ideomotor. Asimismo, se ha demostrado que el paciente tampoco produce una influencia significativa, por lo que también es poco probable que el paciente sea responsable de un efecto ideomotor. Las limitaciones de este estudio son las de cualquier estudio observacional retrospectivo en el que no se recopilaron datos para responder la pregunta de investigación específica de este estudio. La investigación futura debe incluir un estudio diseñado específicamente para responder a esta pregunta, por ejemplo, intentando intencionalmente inducir sesgos en el médico. En resumen, la explicación ideomotora de la TRM debe considerarse obsoleta hasta que se establezca una explicación más plausible de su mecanismo de acción.

*La efectividad de las técnicas de liberación emocional en el tratamiento del trastorno de estrés postraumático: un metanálisis.

The Effectiveness of Emotional Freedom Techniques in the Treatment of Posttraumatic Stress Disorder: A Meta-Analysis (2017)

Brenda Sebastian MPsych. Jerrod Nelms PhD

Abstract: https://doi.org/10.1016/j.explore.2016.10.001

Artículo completo en inglés:

https://www.chi.is/wp-content/uploads/2019/09/Sebastian-2016-The-Effectiveness-of-Emotional-Freedom-Techniques-in-the-Treatment-of-Posttraumatic-Stress-Disorder-A-Meta-Analysis.pdf

Resultados: Se encontró que siete ensayos controlados aleatorios cumplían los criterios y se incluyeron en el metanálisis. Se encontró un gran efecto del tratamiento, con una ponderación de Cohen d s d = 2.96 (IC 95%: 1.96–3.97, P <.001) para los estudios que compararon EFT con la atención habitual o una lista de espera. No se encontraron diferencias en el efecto del tratamiento en los estudios que comparaban EFT con otras terapias basadas en la evidencia, como la desensibilización y el reprocesamiento del movimiento ocular (EMDR; 1 estudio) y la Terapia Cognitivo Conductual (TCC; 1 estudio).

Conclusiones: El análisis de los estudios existentes mostró que una serie de 4 a 10 sesiones de EFT es un tratamiento eficaz para el TEPT con una variedad de poblaciones. Los estudios examinados no informaron efectos adversos de las intervenciones de EFT y mostraron que puede usarse tanto en forma de autoayuda como como tratamiento primario basado en evidencia para el TEPT.

***Brainspotting (BSP): la eficacia de un nuevo enfoque terapéutico para el tratamiento del trastorno de estrés postraumático en comparación con la desensibilización y el reprocesamiento del movimiento ocular.**

Brainspotting – the efficacy of a new therapy approach for the treatment of Posttraumatic Stress Disorder in comparison to Eye Movement Desensitization and Reprocessing.
Anja Hildebrand, David Grand, Mark Stemmler
Mediterranean Journal of Clinical Psychology MJCP ISSN: 2282-1619
VOL 5 N.1 (2017)
Abstract:
http://cab.unime.it/journals/index.php/MJCP/article/view/1376
Artículo complet en inglés:
cab.unime.it/journals/index.php/MJCP/article/download/1376/pdf_2

Objetivo: Este estudio tiene como objetivo determinar la eficacia del nuevo enfoque de terapia Brainspotting (BSP) en comparación con el enfoque establecido de desensibilización y reprocesamiento del movimiento ocular (EMDR) para el tratamiento del trastorno de estrés postraumático (TEPT).

Método: La muestra consistió en 76 adultos que buscaron ayuda profesional después de haber sido afectados por un evento traumático. Los clientes fueron tratados con tres sesiones de 60 minutos de EMDR (n = 23) o BSP (n = 53) de acuerdo con un protocolo estándar. Los resultados primarios evaluados fueron autoinformes de la gravedad de los síntomas de TEPT. Los resultados secundarios incluyeron síntomas autoinformados de depresión y ansiedad. Las evaluaciones se realizaron antes del tratamiento, después del tratamiento y 6 meses después del tratamiento. Resultados: Los participantes en ambas condiciones mostraron reducciones significativas en los síntomas de TEPT. Los tamaños del efecto (d de Cohen) desde el inicio hasta el postratamiento con respecto a los síntomas relacionados con el TEPT estuvieron entre 1.19 - 1.76 para los clientes tratados con EMDR y 0.74 - 1.04 para los clientes tratados con BSP. Conclusión: Nuestros resultados indican que Brainspotting parece ser un enfoque terapéutico alternativo efectivo para clientes que experimentaron un evento traumático y / o con TEPT.

Limitaciones del presente estudio: Aunque se han observado mejoras en los síntomas de TEPT con BSP, solo podemos establecer conclusiones preliminares sobre los beneficios de esta intervención debido al tamaño de muestra relativamente pequeño. Por lo tanto, más investigación con muestras más grandes es Necesitamos replicar nuestros resultados.

Otra limitación de este documento es que no utilizamos un ensayo aleatorio. Como el ensayo controlado aleatorio a menudo se considera el estándar de oro en la evaluación eficacia del tratamiento (Misra, 2012), también pensamos en usar este diseño. Debido a cuestiones organizativas y éticas (Edwards et al., 1998; Sullivan, 2011), nosotros decidió que los clientes deberían tener la posibilidad de elegir si son tratados con EMDR o BSP. Ambos, EMDR y BSP tuvieron éxito en el tratamiento de clientes con trauma experiencias. Por lo tanto, los factores comunes en los dos enfoques de tratamiento y, en general, para todas las terapias de trauma efectivas deben tenerse en cuenta (Wampold, 2015). Ambos tratamientos comienzan con la anamnesis y la planificación de la terapia (Schubbe, 2014). En ambos tratamientos, la personalidad y los atributos particulares de el terapeuta, la relación terapéutica, la necesidad de establecer la seguridad personal y estabilidad, y el reprocesamiento de la experiencia traumática podría tener ejemplo afectado resultado del tratamiento. En nuestro estudio no nos enfocamos en estos moderadores del resultado del tratamiento. En resumen, el desarrollo de los tratamientos de traumas incluyen más y más orientación de recursos, y BSP sigue esta dirección general (Schubbe, 2016).

Conclusiones y perspectivas futuras: Para concluir, nuestro estudio apoya el uso de BSP para tratar sujetos que muestran síntomas de trastorno de estrés postraumático. Por lo tanto, BSP parece ser un enfoque de tratamiento alternativo para clientes con trastorno de estrés postraumático. Se necesita más investigación para replicar nuestros resultados y para evaluar los efectos en diferentes muestras, por ejemplo, clientes con trastornos por uso de sustancias y TEPT comórbido. Los análisis del moderador son necesarios para evaluar más a fondo la contribución de BSP al tratamiento del TEPT. Otros estudios también deberían analizar la posible utilidad de BSP con otras medidas de diagnóstico como la Escala de TEPT administrada por el médico para DSM-5 (CAPS-5, Weathers et al., 2013).

***Terapia del Campo de Pensamiento (TFT) en comparación con la terapia cognitiva conductual (TCC) y la lista de espera para la agorafobia: un estudio aleatorizado y controlado con una psicología de seguimiento de 12 meses.**

Thought Field Therapy (TFT) Compared to Cognitive Behavioral Therapy (CBT) and Wait-List for Agoraphobia: A Randomized, Controlled Study with a 12-Month Follow-up Psychology.
Audun C. Irgens, Asle Hoffart, Tor E. Nysæter, Vegard Ø. Haaland, FinnMagnus Borge, Are H. Pripp, Egil W. Martinsen and Toril Dammen

Front. Psychol., 20 June 2017
Abstract:
https://doi.org/10.3389/fpsyg.2017.01027
Artículo completo en inglés:
https://www.frontiersin.org/articles/10.3389/fpsyg.2017.01027/full

Antecedentes: la terapia de campo de pensamiento (TFT) se usa para muchas afecciones psiquiátricas, pero su eficacia no ha sido suficientemente documentada. Por lo tanto, es necesario realizar estudios que comparen TFT con tratamientos bien establecidos. Este estudio compara la eficacia de TFT y la terapia cognitiva conductual (TCC) para pacientes con agorafobia.

Métodos: Setenta y dos pacientes fueron asignados al azar a TCC (N = 24), TFT (N = 24) o una condición de lista de espera (WLC) (N = 24) después de un procedimiento de diagnóstico que incluye el MINI PLUS que se realizó antes del tratamiento o WLC Después de un período de espera de 3 meses, los pacientes con WL fueron asignados al azar a TCC (n = 12) o TFT (n = 12), y todos los pacientes fueron reevaluados después del tratamiento o período de espera y a los 12 meses de seguimiento. Al principio comparamos los tres grupos CBT, TFT y WL. Después de la aleatorización posterior a WL, comparamos la TCC (N = 12 + 24 = 36) con la TFT (N = 12 + 24 = 36), aplicando los puntajes previos al tratamiento como referencia para todos los pacientes. La medida de resultado primaria fue un puntaje de síntomas de la Escala de Entrevistas de Trastornos de Ansiedad que fue realizada por un entrevistador cegado a la condición del tratamiento.

Para las comparaciones estadísticas, utilizamos la prueba t de la muestra independiente, la prueba exacta de Fisher y las pruebas ANOVA y ANCOVA.

Resultados: tanto la TCC como la TFT mostraron mejores resultados que la WLC (p <0.001) en el postratamiento. Después del tratamiento y a los 12 meses de seguimiento, no hubo diferencias significativas entre la TCC y la TFT (p = 0,33 y p = 0,90, respectivamente).

Conclusión: Este artículo informa el primer estudio que compara TFT con TCC para cualquier trastorno. El estudio indicó que TFT puede ser un tratamiento eficiente para pacientes con agorafobia.

*Técnicas de liberación emocional (EFT) para tratar el trastorno de estrés postraumático en veteranos: revisión de la evidencia, encuesta de profesionales y pautas clínicas propuestas.

Emotional Freedom Techniques to Treat Posttraumatic Stress Disorder in Veterans: Review of the Evidence, Survey of Practitioners, and Proposed Clinical Guidelines (Junio 2017)

Dawson Church, PhD. Sheri Stern, MS, CRNP, APRN-PMH. Elizabeth Boath, PhD.
Antony Stewart, FFPH, FRSPH, MPH. David Feinstein, PhD. Morgan Clond, MD, PhD (Cand).

DOI: https://dx.doi.org/10.7812%2FTPP%2F16-100
Abstract: https://www.ncbi.nlm.nih.gov/pmc/articles/PMC5499602/
Artículo completo en inglés:
https://www.ncbi.nlm.nih.gov/pmc/articles/PMC5499602/

Objetivos: Desarrollar pautas clínicas de mejores prácticas para el uso de EFT para tratar el TEPT, sobre la base de la literatura publicada, la experiencia del profesional y los casos típicos.

Métodos: Encuestamos a 448 profesionales de EFT para recopilar información sobre sus experiencias con el tratamiento del TEPT. Esto incluyó sus perfiles demográficos, capacitación previa, entornos profesionales, uso de evaluaciones y prácticas de tratamiento de TEPT.

Utilizamos sus respuestas, con la base de evidencia de la investigación, para formular pautas clínicas que apliquen el modelo de tratamiento de "atención escalonada" utilizado por el Instituto Nacional de Salud y Excelencia Clínica del Reino Unido.

Resultados: La mayoría de los profesionales (63%) informaron que incluso el TEPT complejo puede remediarse en 10 o menos sesiones de EFT.

Alrededor del 65% de los profesionales descubrieron que más del 60% de los clientes con TEPT están completamente rehabilitados, y el 89% afirmó que menos del 10% de los clientes progresan poco o nada. Los practicantes combinaron EFT con una amplia variedad de otros enfoques, especialmente la terapia cognitiva. Las respuestas de los profesionales, la evidencia de la literatura y los resultados de un metaanálisis se agregaron a una guía clínica propuesta.

Conclusión: Recomendamos un modelo de atención escalonada, con 5 sesiones de terapia EFT para TEPT subclínico y 10 sesiones para TEPT clínico, además de terapia grupal, recursos de autoayuda en línea y apoyo social. Los clientes que no respondan deben ser referidos para recibir atención adicional adecuada.

***Grupos de intervención de la Gestalt para padres ansiosos en Hong Kong: un diseño cuasi-experimental.**
Gestalt Intervention Groups for Anxious Parents in Hong Kong: A QuasiExperimental Design.
Leung GSM1, Khor SH2. J Evid Inf Soc Work. 2017 May-Jun;14(3):183-200. Epub 2017 Apr 25.
DOI: https://doi.org/10.1080/23761407.2017.1311814
https://www.ncbi.nlm.nih.gov/pubmed/28441104

Abstract

Este estudio examinó el impacto de los grupos de intervención gestalt para padres chinos ansiosos en Hong Kong. Se adoptó un diseño de grupo de control no aleatorio previo a la prueba / posterior a la prueba. Un total de 156 padres participaron en el proyecto. Después de 4 semanas de tratamiento, los participantes del grupo de intervención tuvieron niveles de ansiedad más bajos, menos evitación de experiencias internas y más amabilidad hacia uno mismo y atención plena en comparación con los participantes del grupo de control. Sin embargo, la dimensión del juicio propio se mantuvo sin cambios. Se discutió la adaptación de la intervención Gestalt para adaptarse a la cultura china.

***Efectividad de las actividades de Brain Gym para mejorar el rendimiento de escritura de los alumnos de grado I.**
Effectiveness of Brain Gym Activities in Enhancing Writing Performance of Grade I Pupils.

Jose M Ocampo, Jr., Leonora P Varela, Laura V Ocampo
Doi: https://doi.org/10.2121/sosiohumanika.v10i2.919
Abstract:
https://mindamas-journals.com/sosiohumanika/article/view/919
Texto completo en inglés:
http://journals.mindamas.com/index.php/sosiohumanika/article/download/919/829

Hay muchos factores que influyen en el rendimiento académico de los estudiantes. Algunos de estos están relacionados con factores personológicos, sociológicos y psicológicos. En los últimos años, el rendimiento académico y el rendimiento se han relacionado con varios factores psicológicos. Dos de estos factores psicológicos, que pueden tener un impacto directo o influencia en el rendimiento académico, son la curiosidad y las creencias epistemológicas. En este estudio, se describió la organización y legibilidad de los escritos de los sujetos antes y después del uso de las actividades de Brain Gym. El diseño preexperimental, específicamente la Prueba previa de un grupo – Prueba posterior, se utilizó para examinar el rendimiento de escritura de los alumnos de grado 1 en las áreas de duración de la producción. Los encuestados estaban compuestos por 4 alumnos, que tenían una variedad de inquietudes sobre la escritura, que iban desde el comienzo, la organización, la atención a los detalles y la producción suficiente o la duración de la escritura.

Se concluyó que Brain Gym, un ejercicio de aprendizaje basado en el movimiento, era una actividad efectiva para mejorar las preocupaciones de escritura de los alumnos de grado 1, específicamente en términos de limpieza, legibilidad, escritura y seguimiento de líneas azul-rojo-azul, así como el espaciado correcto entre letras y palabras. Los alumnos bajo las condiciones de Brain Gym tendían a escribir más palabras. Los ejercicios de Brain Gym trajeron emoción, alegría y un estado de ánimo relajado entre los alumnos. Se recomienda que se asigne tiempo para el uso de ejercicios de Brain Gym, ya que puede utilizarse como actividad descongelante para mejorar el rendimiento de la escritura entre los alumnos.

***Terapia de acupresión contemporánea: cura hábil para la recuperación indolora de dolencias terapéuticas.**
Contemporary acupressure therapy: Adroit cure for painless recovery of therapeutic ailments.
Piyush Mehtaa; Vishwas Dhapteb; Shivajirao Kadamc; Vividha Dhapted
DOI: https://doi.org/10.1016/j.jtcme.2016.06.004
Artículo completo en inglés:
https://reader.elsevier.com/reader/sd/pii/S222541101630044X?token=0A0622D52D8834080D2AC043D35A260BA70D30B559CFF74FDA5F96756F0A68F

Abstract

Desde tiempos inmemoriales, las medicinas complementarias y alternativas (CAM) han desempeñado un papel importante en la atención de la salud humana. Se sabe que CAM tiene una sólida reputación y confiabilidad dentro de cada cultura para brindar tratamiento de atención médica básica a los pacientes.

La CAM actúa como una mejor opción terapéutica en el ser humano para tratar diversas enfermedades y mejorar la calidad de vida teniendo en cuenta los aspectos económicos. La acupresión, una de las CAM conocidas, originada en la antigua China, se basa en el principio de la activación de los puntos de acupuntura a través de los meridianos que corrige el desequilibrio entre Qi. Se sabe que la activación de puntos específicos en los meridianos facilita la reducción del dolor en los sitios locales. También reduce el dolor de otras partes del cuerpo. Esta revisión describe varios tipos, dispositivos y mecanismos involucrados en el tratamiento de acupresión.

Conclusión

Desde las últimas décadas, CAM ha fascinado a los profesionales de la salud mundial, así como a los pacientes, debido a varias razones, incluida la facilidad de aplicación, la eficacia, los aspectos económicos y muchos más.

Las terapias CAM son los remedios específicos de la cultura real que se practican en todo el mundo. La acupresión es una intervención no invasiva y no farmacológica con funciones y beneficios multidimensionales. Las investigaciones actuales corroboran las afirmaciones tradicionales y validan el uso de la acupresión para el tratamiento indoloro de numerosas enfermedades. La presente revisión evaluó los diferentes dispositivos y prácticas patentados con aplicaciones en la terapia de diversas dolencias agudas y crónicas. Con los dispositivos modernos, también se puede ajustar la intensidad de la presión. Además del alivio del dolor, los dispositivos de acupresión ofrecen una ventaja generosa de ausencia de medicamentos y, en consecuencia, no después de los efectos adversos. Para apoyar la acupresión (CAM) en el futuro cercano y expandir las terapias CAM, tenemos que arrojar más luz sobre las funcionalidades terapéuticas de la acupresión y fomentar su práctica en todos los hospitales.

***Un metaanálisis de ensayos aleatorios y no aleatorios de Terapia de Campo de Pensamiento (TFT) para el tratamiento del trastorno de estrés postraumático (TEPT): Resultados preliminares.**

A Meta-Analysis of Randomized and Non-Randomized Trials of Thought Field Therapy (TFT) for the Treatment of Posttraumatic Stress Disorder (PTSD): Preliminary results
Jenny Edwards, PhD; Fielding Graduate University Michelle Vanchu-Orosco, PhD; Vanchu-Orosco Consulting
https://www.researchgate.net/publication/11220902_Thought_field_therapy _and_trauma_recovery

Texto completo en inglés:
 http://www.tftfoundation.org/wp-content/uploads/2010/10/MetaAnalysis_TFTforPTSD.pdf

Abstract
Antecedentes: la terapia de campo de pensamiento (TFT) es un método de tocar los meridianos del cuerpo para tratar el estrés postraumático. El propósito del estudio fue determinar si los participantes, guiados por profesionales capacitados en TFT o paraprofesionales, demuestran una reducción de los síntomas de trauma mayor que aquellos que no reciben tratamiento en medidas de trauma específico de TEPT.

Método: se realizó un metaanálisis de estudios (realizados entre 2001 y 2016) que evalúan la eficacia de TFT para individuos que sufren estrés postraumático.

Se buscaron 39 bases de datos. Además, se enviaron solicitudes a colegas para compartir los estudios que no se habían publicado. Se hizo todo lo posible para obtener todos los estudios que se habían realizado sobre TFT y el estrés postraumático.

Cinco estudios cumplieron con los requisitos para su inclusión en el metanálisis preliminar: 1) El estrés postraumático debía ser uno de los identificadores o separarse si se incluían otros problemas psicológicos; 2) La Terapia de campo de pensamiento necesitaba ser el tratamiento o separarse si estaban involucrados otros tratamientos; 3) la evaluación tuvo que capturar el cambio desde el diagnóstico inicial hasta la medición del resultado después del tratamiento con TFT; y 4) el estudio necesitaba tener medias, desviaciones estándar y / o valores, o necesitaba tener datos cuantitativos para poder comparar las medidas previas y posteriores. En dos de los estudios, se utilizó una escala de 1-10 unidades subjetivas de angustia (SUD) en lugar de una medida de estrés postraumático.

Resultados: El sesgo de publicación, examinado utilizando gráficas de tamaños de efectos por ponderación, gráficas de embudo y Recorte y relleno de Duval & Tweedie, no parecía ser un problema. El tamaño del efecto global para el tratamiento previo a post-TFT en condiciones de cuasi-experimento (-2.47) fue grande y estadísticamente significativo.

Conclusiones: Los resultados muestran que TFT es altamente efectivo para reducir los síntomas de trauma en una variedad de poblaciones y entornos.

Este metanálisis amplía la literatura existente a través de la facilitación de una mejor comprensión de la variabilidad y la importancia clínica de la mejora del TEPT posterior al tratamiento con TFT.

***Meta-análisis, revisiones y artículos teóricos sobre psicología energética**.
Meta-Analyses, Reviews and Theoretical Articles on Energy Psychology.
Actualizado hasta enero 2017:
https://pdfs.semanticscholar.org/3d91/607fe11fc901adecd12f774540ea
c20a314f.pdf

*Uso del Test de Psicodiagnóstico Gestalt de Salama por el Coach para Ubicar el Bloqueo Psicológico del Emprendedor

María Enmanuel Hernández Valbuena.

Iberoamerican Business Journal Vol 1 N° 1 | Julio 2017 pp. 98-122
ISSN:2521-5817

Abstract:

DOI: http://dx.doi.org/10.22451/3002.ibj2017.vol1.1.11006

Artículo completo en español:

https://www.journaltop.com/index.php/IBJ/article/download/70/pdf

Resumen

La investigación tuvo como propósito analizar el uso del Test de Psicodiagnóstico Gestalt (TPG) de Salama por el Coach para la ubicación del bloqueo psicológico del emprendedor como ser humano integral. Esta validación se inicia para dar respuesta a una serie de interrogantes y necesidades actuales y la tendencia de bloqueos de las personas entre 25 y 35 años y la búsqueda de acciones concretas para innovar y lograr grandes cambios en Latinoamérica. La metodología siguió el tipo de investigación descriptivo bajo el diseño no experimental, transeccional. La población fue censal, constituida por 118 personas que desean emprender en Latinoamérica. La técnica fue la encuesta y el instrumento él (TPG) de Salama, estructurado por 40 ítems con opciones SI y No en su estructura original. Se determinó que la mayoría de las personas que optaron por el test fueron mujeres en un 95% en el ámbito de pareja y la tendencia del bloqueo en la postergación, introyección y fijación en más de un 50% de la muestra, lo cual hace inferir que el emprendimiento sigue siendo baja por parte de las mujeres, dado que aún en Latinoamérica tiende a estar pendiente de la pareja y no de crear e innovar. Ahora bien, casi siempre cuando se hacen estudios del aquí y él ahora se podría generalizar desde el detalle de los bloqueos que quizás esta tendencia aplique a todos los ámbitos de la vida en las emprendedoras. Así mismo, que para desbloquear éstos tres estados con mayor fuerza en la búsqueda de sensación de bienestar y equilibrio, sentirse acogido por los demás y ser libre para vivir; por lo que se ve mejorar la Generosidad, la autoestima, el consejo con respeto a los demás y desde sus vivencias desbloqueadas ayuda con detalle para dejar en orden en lo que realiza.

***La estimulación manual de los puntos de acupuntura en el tratamiento del trastorno de estrés postraumático: una revisión de las técnicas clínicas de libertad emocional.**

The Manual Stimulation of Acupuncture Points in the Treatment of PostTraumatic Stress Disorder: A Review of Clinical Emotional Freedom Techniques.

Church D, Feinstein D. Abstract: Med Acupunct. 2017 Aug 1;29(4):194-205.

DOI: https://doi.org/10.1089/acu.2017.1213

Artículo completo en inglés:

https://www.ncbi.nlm.nih.gov/pmc/articles/PMC5580368/

Antecedentes: La estimulación manual de los puntos de acupuntura se ha combinado con componentes de terapias cognitivas y de exposición en un enfoque clínico y de autoayuda conocido como Técnicas de Libertad Emocional (EFT). Más de 40 ensayos clínicos y cuatro revisiones metaanalíticas de tratamientos con EFT han demostrado grandes tamaños de efectos con una variedad de afecciones, que incluyen dolor, trastorno de estrés postraumático (en poblaciones de veteranos civiles y militares), fobias, ansiedad y depresión.

Objetivo: Esta revisión describe el enfoque, con un enfoque en el trastorno de estrés postraumático en veteranos y miembros del servicio, proporciona una visión general de cómo EFT se aplica más comúnmente, y describe los obstáculos y las precauciones relacionadas con su implementación.

Métodos: se evalúan los ensayos clínicos revisados por pares y los metanálisis de EFT en el tratamiento del TEPT para identificar las características del enfoque que lo hacen adecuado para el tratamiento del TEPT. Resultados: la literatura demuestra que la remediación del trastorno de estrés postraumático y las condiciones comórbidas generalmente se logra dentro de breves períodos de tiempo, que van desde una sesión para fobias hasta entre cuatro y diez sesiones para el trastorno de estrés postraumático. Se ha demostrado que la EFT clínica regula las hormonas del estrés y la función límbica, y mejora varios marcadores neurológicos de la salud general. Los efectos epigenéticos de EFT incluyen la regulación positiva de los genes de inmunidad y la regulación negativa de los genes de inflamación. Seis estudios de desmantelamiento han indicado que el componente de acupresión de EFT es un ingrediente activo y no un placebo.

Conclusiones: se identificaron siete puntos fuertes del enfoque empírico que lo hacen especialmente adecuado para su uso con veteranos y militares activos: (1) la profundidad y amplitud de los efectos del tratamiento; (2) los plazos relativamente breves necesarios para un tratamiento exitoso; (3) el bajo riesgo de eventos adversos; (4) el tiempo mínimo de capacitación requerido para que el enfoque se aplique de manera efectiva; (5) la reducción simultánea de síntomas físicos y psicológicos; (6) la utilidad y la rentabilidad de la EFT clínica en un formato de grupo grande; y (7) la adaptabilidad del método a las aplicaciones en línea y de telemedicina.

***Los efectos de Access Bars sobre la ansiedad y la depresión: un estudio piloto.**
The Effects of Access Bars on Anxiety and Depression: A Pilot Study.
Terrie Hope.
Doi: 10.9769/EPJ.2017.9.2.TH
Texto completo en inglés:
https://cdn.shopify.com/s/files/1/0016/1172/6914/files/Effects_of_Ac cess_Bars_Anxiety-Abstract-AP.pdf

Resumen

La ansiedad y la depresión son trastornos muy prevalentes que provocan sufrimiento humano. Las consecuencias para el individuo incluyen una mayor utilización de la atención médica, discapacidad y disminución de ingresos; la depresión, en su prevalencia actual, también afecta la producción económica mundial. Access Bars, una técnica de terapia energética no invasiva, se evaluó por sus efectos sobre la ansiedad y la depresión utilizando tanto autoinforme subjetivo como medidas objetivas de escaneo cerebral.

Métodos:

Se evaluó que los participantes, N = 7, de entre 25 y 68 años de edad, tenían ansiedad y / o depresión de leve a grave. Los métodos de evaluación fueron medidas estandarizadas de autoinforme: Inventario de ansiedad de Beck (BAI), Inventario de depresión de Beck-II (BDI II), Inventario de ansiedad de rasgo estatal (STAI) y Escala de depresión de rasgo y estado de Maryland (MTSD). Se adquirieron datos de electroencefalograma (EEG) para el análisis objetivo de la función cerebral mediante QEEG y sLORETA. Las evaluaciones se realizaron antes de una sesión de barras de acceso de 90 minutos e inmediatamente después de la sesión. Todos los participantes dieron positivo por ansiedad por rasgos en la prueba previa.

Resultados:

Se informaron puntuaciones más bajas en todas las medidas de autoinforme posteriores a la sesión. Las puntuaciones medias del BAI cayeron de 23,3 a 3,6 (−84,7%), p = 0,004. Las puntuaciones medias del BDI II se redujeron de 22,3 a 3,9 (−82,7%), p = 0,02. Las medias de STAI-S (estado) cayeron de 38,9 a 25,9 (−33,5%), p = 0,027. Las medias de MTSD-S (Estado) se redujeron de 23,6 a 4,7 (−80%), p = 0,015. Los mapas cerebrales derivados de los resultados de QEEG mostraron cambios notables en las bandas de frecuencia de 6 Hz (theta) a 21 Hz (beta). Estas bandas de frecuencia en los resultados de la prueba previa mostraron valores extremos de −3 a −1 desviaciones estándar (DE) por debajo de la norma y cambiaron hacia lo normal en los resultados posteriores a la prueba. QEEG FFT (Transformada rápida de Fourier) Las pruebas t de coherencia de puntuación Z emparejadas demostraron una mejora en la coherencia QEEG, p <0,05.

Conclusión:

El tratamiento con barras de acceso se asoció con una disminución significativa en la gravedad de los síntomas de ansiedad y depresión y un aumento en la coherencia del EEG. Estos resultados sugieren que las barras de acceso pueden ser útiles como tratamiento para la ansiedad y la depresión.

Access Bars demuestra una disminución estadísticamente significativa en la gravedad y los síntomas de ansiedad y depresión. Se observaron cambios en las percepciones y cualidades que pueden tener un efecto en mejora para las personas con ansiedad y depresión subclínicas. Exploración adicional en esta área con un tamaño de muestra más grande es una consideración futura.

2016

*Técnicas de liberación emocional para la ansiedad: una revisión sistemática con meta-análisis.

Clond, M. (2016). Emotional freedom techniques for anxiety: A systematic review with meta-analysis. *Journal of Nervous and Mental Disease, 204*(5), 388-395.
Doi: https://psycnet.apa.org/doi/10.1097/NMD.0000000000000483
Abstract: https://psycnet.apa.org/record/2016-21485-009
Artículo completo en inglés:
https://evidencebasedeft.com/wp-content/uploads/2017/02/Meta-analysis-EFT-Anxiety.pdf

La técnica de liberación emocional (EFT) combina elementos de exposición y terapias cognitivas con acupresión para el tratamiento de la angustia psicológica. Los ensayos controlados aleatorios recuperados mediante búsqueda bibliográfica se evaluaron para determinar la calidad utilizando los criterios desarrollados por el Grupo de trabajo de la División 12 de la Asociación Americana de Psicología sobre tratamientos validados empíricamente. A diciembre de 2015, 14 estudios (n = 658) cumplieron los criterios de inclusión.

Los resultados se analizaron mediante un metanálisis ponderado de varianza inversa. El tamaño del efecto pre-post para el grupo de tratamiento con EFT fue de 1.23 (intervalo de confianza del 95%, 0.82–1.64; p <0.001), mientras que el tamaño del efecto para los controles combinados fue de 0.41 (intervalo de confianza del 95%, 0.17–0.67; p = 0.001) El tratamiento con la técnica de libertad emocional demostró una disminución significativa en los puntajes de ansiedad, incluso al tener en cuenta el tamaño del efecto del tratamiento de control. Sin embargo, había muy pocos datos disponibles que compararan EFT con los tratamientos estándar de atención, como la terapia cognitivo conductual, y se necesita más investigación para establecer la eficacia relativa de EFT con los protocolos establecidos.

***Nacimiento, desarrollo y evolución de la desensibilización y el reprocesamiento por medio de movimientos oculares (EMDR).**

Carolina Marín; Ana Isabel Guillén; SofíaVergara.

Abstract: https://doi.org/10.1016/j.clysa.2016.09.001

Artículo completo en inglés:
https://reader.elsevier.com/reader/sd/pii/S1130527416300342?token=77CCD3A8D75
FBE9DE38841B036B80562F62D28E2DDA67717A69690595B087FF

La desensibilización y el reprocesamiento por medio de movimientos oculares (EMDR) ha suscitado un gran número de estudios desde su aparición en 1989. El objetivo principal de este artículo es describir su desarrollo y evolución hasta la actualidad. Para ello se realizó una búsqueda bibliográfica en MEDLINE y PsycINFO con la entrada *"eye movement desensitizacion"*. Tras la revisión de los 795 artículos resultantes, se eligieron aquellos que por su relevancia e interés mostraban mejor el desarrollo y evolución de la técnica. Además, se configuró una línea de vida que representó gráficamente su historia. Aunque en los primeros años el foco de investigación fue la validación de la técnica para el trastorno de estrés postraumático (TEPT), ésta comenzó muy rápidamente a aplicarse a otras problemáticas. Solo un 14% de los trabajos encontrados son estudios experimentales controlados. Actualmente, si bien se ha demostrado su eficacia como tratamiento del TEPT, se siguen barajando diversas hipótesis explicativas de su eficacia.

Conclusiones

Actualmente, la EMDR es una técnica de reconocida eficacia para el tratamiento del TEPT por parte de diversos organismos internacionales y recomendada en las principales guías clínicas. La revisión muestra que ha dado lugar a una abundante producción científica a lo largo de su historia, acompañada de un intenso debate. Aproximadamente la mitad de los artículos revisados son de carácter teórico y, dentro de los artículos empíricos, predominan claramente los estudios de caso. En nuestra revisión solo el 7% de los estudios son ensayos clínicos controlados y aleatorizados en TEPT y el 7% son ensayos clínicos controlados y aleatorizados en otras problemáticas.

Los estudios revisados sobre la aplicación de EMDR en TEPT sostienen su eficacia, si bien no se muestra de forma consistente que sea superior a otros tratamientos validados para este trastorno o que el tamaño del efecto sea destacable. Por ello, sería interesante que se desarrollara un mayor número ensayos clínicos controlados y aleatorizados con seguimientos a largo plazo por parte de equipos de investigación independientes. También sería muy enriquecedor que se incrementara el número de artículos en otras revistas distintas al *Journal of EMDR Practice and Research*, pues un 84% de los artículos publicados desde 2007 proceden de esta revista.

La revisión muestra la notable expansión de la EMDR en el abordaje de otras problemáticas distintas que el TEPT: de hecho, el número de artículos empíricos es prácticamente idéntico. Desde los primeros años surgen trabajos que estudian el EMDR en otros trastornos y el repertorio de ámbitos de aplicación ha ido creciendo exponencialmente. Además, se han realizado adaptaciones específicas del protocolo para ciertos trastornos (TOC, adicción a sustancias, etc.). A pesar de esta difusión, de nuevo predominan los estudios de caso y es reducido el número de ensayos clínicos controlados y aleatorizados. La evidencia apunta que, en ciertos trastornos, como la fobia, no resulta tan eficaz como en el TEPT. Lo cierto es que, exceptuando el TEPT, no se encuentra incluido entre los tratamientos de elección para otros trastornos en las guías clínicas.

Así mismo, si tenemos en cuenta lo anteriormente expuesto y atendiendo a la formación que es necesaria para la aplicación de la técnica y su coste, es importante cuestionarnos las ventajas de la aplicación de la EMDR como tratamiento de primera elección. También es interesante reflexionar sobre si fuera posible introducir dicha formación dentro de un contexto de formación universitaria para clínicos.

La rápida expansión de la EMDR quizá lo haya ido en detrimento de su demostración como técnica válida y eficaz, aplicándose en seguida a otras problemáticas sin apenas haberse demostrado científicamente su eficacia en el TEPT. Ese afán de expansión ha podido ir incluso en contra del rigor científico, o al menos retrasar su demostración. En este sentido cabe destacar dos artículos encontrados en la última década. En uno de ellos la técnica es comparada con técnicas pseudocientíficas como la *Emotional Freedom Technique* (EFT) o técnica de liberación emocional (Karatzias et al., 2011).

Así mismo, en la última década aparecen tres publicaciones en las que se habla de la comunicación después de la muerte inducida como protocolo adaptado de la técnica (Botkin y Hannah, 2013, Hannah et al., 2013).

Si bien se ha comprobado que la EMDR es eficaz, rápida y produce efectos duraderos, lo que le confiere un valor de técnica de primera línea (al menos para el TEPT), su rápida y masiva expansión a otras problemáticas, la comparativa con otras técnicas de dudoso rigor científico y algunas adaptaciones de esta como la anteriormente citada podrían estar perjudicando la aproximación que muchos científicos tienen hacia ella.

Con respecto a las hipótesis explicativas, hoy en día siguen sin conocerse los mecanismos subyacentes a la técnica y responsables de su eficacia. Así se siguen barajando tres hipótesis explicativas de la técnica: los movimientos oculares aumentan la conexión interhemisférica, producen cambios análogos a los que se producen durante el sueño REM y, por último, producen una tarea dual que provoca un agotamiento, saturando la memoria de trabajo.

Todas estas hipótesis siguen acaparando un gran interés, observándose datos a favor y en contra de cada una de ellas. Lo que parece claro es que los movimientos oculares no son específicamente los responsables de la desensibilización y reprocesamiento de la memoria traumática, sino la estimulación bilateral, ya sea visual, táctil o auditiva.

Por otro lado, la combinación de tratamientos estándar y EMDR ha resultado ser más eficaz en todas las problemáticas estudiadas y, aunque no hay muchos estudios controlados aleatorizados que lo demuestren, unas sesiones de EMDR potencian el efecto del tratamiento tradicional en todas las problemáticas estudiadas.

La EMDR se ha aplicado hoy en día en numerosas situaciones de catástrofes y desastres. Cuenta con protocolos de asistencia en diversas situaciones y para diferentes muestras. Ha demostrado su eficacia en la reducción tanto de síntomas de TEPT en eventos traumáticos no recientes como de la aparición de TEPT en aquellos casos en los que se aplica a eventos traumáticos recientes.

En conclusión, la EMDR ha tenido un crecimiento vertiginoso desde su nacimiento hasta la actualidad, demostrándose su eficacia en el TEPT y aplicándose a una gran variedad de problemáticas. Veintisiete años después de su nacimiento sigue acompañándose de un halo misterioso y generando interés y debate, tanto en el ámbito clínico como de investigación.

***Eficacia de quince intervenciones emergentes para el tratamiento de Trastorno de estrés postraumático: una revisión sistemática.**
Efficacy of Fifteen Emerging Interventions for the Treatment of Posttraumatic Stress Disorder: A Systematic Review. Journal of Traumatic Stress.
Metcalf, O., Varker, T., Forbes, D., Phelps, A., Dell, L., DiBattista, A., ... O'Donnell, M. (2016). April 2016, 29, 1–5. DOI: 10.1002/jts.2207.
Doi: https://doi.org/10.1002/jts.22070
Abstract: https://www.ncbi.nlm.nih.gov/pubmed/26749196
Texto completo en inglés:
https://deploymentpsych.org/sites/default/files/blog/160303_CDP-ResearchUpdate.pdf

Aunque hay abundantes intervenciones novedosas para el tratamiento de trastorno de estrés postraumático (TEPT), a menudo su eficacia sigue siendo desconocida. Esta revisión sistemática evaluó la evidencia de 15 intervenciones nuevas o novedosas para el tratamiento del TEPT.

Los estudios que investigaron los cambios en los síntomas de TEPT después de la entrega de 1 de Las 15 intervenciones de interés se identificaron mediante búsquedas sistemáticas en la literatura.

Hubo 19 estudios que cumplieron los criterios de inclusión para este estudio.
Los estudios elegibles fueron evaluado contra criterios de calidad metodológica y se extrajeron los datos. La mayoría de los 19 estudios fueron de mala calidad, obstaculizados por limitaciones metodológicas, como tamaños de muestra pequeños y falta de grupo de control. Hubo 4 intervenciones, sin embargo, derivado de una filosofía mente-cuerpo (acupuntura, técnica de liberación emocional (EFT), meditación basada en mantra y yoga) que tenía evidencia de calidad moderada de la mayoría ensayos controlados aleatorios de tamaño pequeño a moderado. Los componentes activos, sin embargo, de estas prometedoras intervenciones emergentes y cómo se relacionaban o eran distintas de los tratamientos establecidos siguen sin estar claros. La mayoría de las intervenciones emergentes para el tratamiento del trastorno de estrés postraumático actualmente tiene un nivel insuficiente de evidencia que respalde su eficacia, a pesar de su creciente popularidad. Otros ensayos controlados bien diseñados de Se requieren intervenciones emergentes para el TEPT.

***Una revisión sistemática y meta-análisis de estudios aleatorizados y no aleatorios de técnicas de liberación emocional (EFT) para el tratamiento de depresión.**
A systematic review and meta-analysis of randomized and non-randomized trials of Emotional Freedom Techniques (EFT) for the treatment of depression.
Nelms, J. & Castel, D. (2016).
Explore: The Journal of Science and Healing.
Doi: https://doi.org/10.1016/j.explore.2016.08.001
Abstract: https://www.ncbi.nlm.nih.gov/pubmed/27843054

Artículo completo en inglés:
https://evidencebasedeft.com/wp-content/uploads/2017/02/Meta-Analysis-EFt-Depression.pdf

Antecedentes: entre un grupo de terapias conocidas colectivamente como psicología energética (EP), las técnicas de libertad emocional (EFT) es la más practicada. EFT combina Elementos de las terapias cognitivas y de exposición con la estimulación de los puntos de acupuntura. (puntos de acupuntura). Falta un metaanálisis cuantitativo reciente que mejore la comprensión de la variabilidad y la importancia clínica de los resultados de reducción de la depresión después de EFT.

Métodos: todos los estudios (2005 - 2015), tanto los resultados como los ECA, que evalúan la EFT para Los pacientes de depresión fueron identificados por búsqueda electrónica. Nuestro resultado primario fue depresión medida por una variedad de cuestionarios psicométricos y escalas.

El metaanálisis se realizó sintetizando los datos de todos los ensayos, distinguiendo dentro y entre tamaños de efecto.

Resultados: 21 estudios calificaron para su inclusión en el metanálisis (Estudios de resultados n =446; ECA n = 653 (306 EFT, 347 Control).

Según la hipótesis, el entrenamiento de EFT mostró un Tamaño del efecto moderado en el tratamiento de la depresión. El resultado de Cohen en todos los estudios fue 0.37. Los tamaños del efecto en la prueba posterior, menos de 90 días, 90 días y más de 90 días fueron 0.63, 0.17 y 0.43 respectivamente. EFT fue más eficaz que DB y SI en las mediciones posteriores a la prueba (p = 0.06 vs DB; p <0.0001 vs SI), y SHE a la novena semana evaluación (p = 0.036).

Conclusión: Los resultados muestran que EFT es eficaz para reducir la depresión en una variedad de poblaciones y entornos. Este metaanálisis amplía la literatura existente a través de Facilitación de una mejor comprensión de la variabilidad y la importancia clínica de mejora de la depresión posterior al tratamiento con EFT.

***Cómo pueden las técnicas de liberación emocional (EFT) utilizar mecanismos de reconsolidación de memoria para el cambio terapéutico en trastornos neuropsiquiátricos como el TEPT y la fobia: un modelo propuesto.**

How Emotional Freedom Techniques (EFT) may be utilizing memory reconsolidation mechanisms for therapeutic change in neuropsychiatric disorders such as PTSD and phobia: A proposed model.

Kalla, M. & Stapleton, P. (2016). Explore: The Journal of Science and Healing.

https://www.eftuniverse.com/research-studies/how-emotional-freedom-techniques-eft-may-be-utilizing-memory-reconsolidation-mechanisms-for-therapeutic-change-in-neuropsychiatric-disorders-such-as-ptsd-and-phobia-a-proposed-model

Los recuerdos de miedo desadaptativos atribuidos a las asociaciones pavlovianas se consideran el quid de los trastornos neuropsiquiátricos como el trastorno de estrés postraumático y fobia. La teoría de la reconsolidación de la memoria sugiere que al recuperarlos, los recuerdos volverse lábil durante algunas horas, durante las cuales producir un error de predicción puede conducir a cambio terapéutico Este artículo propone que las Técnicas de Liberación Emocional (EFT), una intervención terapéutica que combina psicoterapia con estimulación somática del punto de acupuntura el componente puede estar utilizando mecanismos de reconsolidación de memoria para facilitar la terapéutica del cambio. El protocolo EFT combina tres elementos cruciales del cambio terapéutico, a saber, recuperación de recuerdos de miedo, incorporación de nuevas experiencias emocionales y aprendizajes en la memoria creando un error de predicción y, finalmente, refuerzo del nuevo aprendizaje.

***La efectividad de la terapia cognitivo-conductual y las técnicas de liberación emocional en la reducción de la depresión y la ansiedad entre adultos: un estudio piloto.**

Chatwin, H., Stapleton, P., Porter, B., Devine, S., & Sheldon, T. (2016).

The effectiveness of cognitive behavioral therapy and emotional freedom techniques in reducing depression and anxiety among adults: A pilot study.

Integrative Medicine (Boulder), 15(2), 27-34.

Abstract: https://www.ncbi.nlm.nih.gov/pubmed/27330487

Artículo completo en inglés:
https://www.ncbi.nlm.nih.gov/pmc/articles/PMC4898279/

Contexto: La Organización Mundial de la Salud (OMS) coloca el trastorno depresivo mayor (MDD), o depresión, como la cuarta causa principal de discapacidad en todo el mundo. Algunos estudios han encontrado que la terapia cognitiva conductual (TCC) representa el enfoque más superior en el tratamiento de síntomas leves a severos. La literatura reciente ha indicado una serie de limitaciones a este enfoque terapéutico. Un enfoque que ha recibido una atención creciente dentro de la literatura es la técnica de liberación de emociones (EFT).

Objetivo: El estudio piloto actual tuvo como objetivo evaluar la efectividad de la terapia cognitiva conductual (TCC) y EFT en el tratamiento de la depresión y la ansiedad comórbida. Diseño: El equipo de investigación diseñó un estudio piloto estructurado como un ensayo aleatorizado y controlado con 2 brazos de intervención. Lugar: el estudio se realizó en la Universidad de Bond en Gold Coast, Queensland, Australia.

Participantes: los participantes (n = 10) eran miembros de la comunidad local que habían resultado positivos para un diagnóstico primario de MDD. Intervención: los participantes fueron asignados aleatoriamente a un programa de tratamiento de TCC o EFT de 8 semanas, los grupos de intervención. Se evaluó una muestra de individuos de la comunidad con fines comparativos (grupo control) (n = 57). Medidas de resultado: antes y después de la intervención, todos los participantes fueron entrevistados utilizando la Entrevista Neuropsiquiátrica Internacional Mini (MINI) 6.0, y completaron los siguientes cuestionarios validados: (1) el Inventario de depresión de Beck, segunda edición (BDI-2) y (2) las escalas de depresión, ansiedad y estrés (DASS-21).

Resultados: Los resultados revelaron que ambos enfoques de tratamiento produjeron reducciones significativas en los síntomas depresivos, y el grupo de TCC informó una reducción significativa después de la intervención, que no se mantuvo con el tiempo. El grupo EFT informó un efecto tardío que implica una reducción significativa de los síntomas en los seguimientos de 3 y 6 meses solamente. El examen de los casos individuales reveló mejoras clínicamente significativas en la ansiedad en ambas intervenciones.

Conclusiones: en general, los hallazgos proporcionan evidencia que sugiere que EFT podría ser una estrategia de tratamiento efectiva que merezca una investigación adicional.

***Dolor, rango de movimiento y síntomas psicológicos en una población con hombro congelado: un estudio de desmantelamiento controlado aleatorio de EFT Clínico (técnicas de liberación emocional)**
Church, D., & Nelms, J. (2016). Pain, range of motion, and psychological symptoms in a population with frozen shoulder: A randomized controlled dismantling study of clinical EFT (emotional freedom techniques).
Archives of Scientific Psychology, 4(1), 38-48.
Artículo completo en inglés: http://dx.doi.org/10.1037/arc0000028

Abstract
EFT CIENTÍFICO Clínico (técnicas de liberación emocional) combina la estimulación del punto de acupuntura con elementos de terapia cognitiva y de exposición. Numerosos estudios han demostrado la eficacia de EFT para la depresión, la ansiedad, las fobias, el TEPT y otras afecciones psicológicas.

El estudio actual evalúa si la estimulación del punto de acupuntura es un ingrediente activo o si los efectos del tratamiento se deben a factores inespecíficos. Treinta y siete participantes con "hombro congelado" que consiste en un rango limitado de movimiento (ROM) y dolor fueron asignados al azar a una lista de espera, o 1 de 2 grupos de tratamiento. La ROM, el dolor y la amplitud y profundidad de las condiciones psicológicas como la ansiedad y la depresión se evaluaron antes y después de una sesión de tratamiento de 30 minutos y 30 días después. Un grupo de tratamiento recibió EFT clínica, mientras que el otro recibió un protocolo cognitivo / de exposición idéntico, pero con respiración diafragmática (DB) sustituida por la estimulación del punto de acupuntura. No se encontraron mejoras significativas en ningún síntoma psicológico en la lista de espera.

Los participantes en los grupos EFT y DB demostraron una mejora significativa después de la prueba en los síntomas psicológicos y el dolor. El seguimiento mostró que ambos grupos mantuvieron sus ganancias para el dolor, con EFT superior a DB, pero solo el grupo EFT mantuvo ganancias para los síntomas psicológicos (p <.001). Se encontraron grandes efectos del tratamiento con EFT, con una Cohen's d = .9 para la ansiedad y el dolor, y d = 1.1 para la depresión. Aunque EFT mostró una mayor tendencia a mejorar la ROM en la mayoría de las dimensiones del movimiento, los cambios no fueron significativos para la mayoría de las medidas en todos los grupos. Las reducciones en la angustia psicológica se asociaron con una reducción del dolor, así como con una mejor ROM. Los resultados son consistentes con 5 estudios de desmantelamiento anteriores que muestran que la estimulación del punto de acupuntura es un ingrediente activo en el tratamiento con EFT.

El estudio agrega más apoyo a otros ensayos clínicos que indican que la EFT clínica es un tratamiento eficaz basado en la evidencia para el dolor y las condiciones psicológicas.

***Hacia una investigación tradicional en Terapia Gestalt.**
Towards a Research Tradition in Gestalt Therapy. Series: The World of Contemporary Gestalt Therapy. Edited by Jan Roubal. This book first published 2016.
Cambridge Scholars Publishing.
https://psycnet.apa.org/record/2016-60242-000
Primeras páginas del libro:
https://www.cambridgescholars.com/download/sample/63613

***Efecto del Toque Terapéutico en pacientes con cáncer: una revisión de la literatura.**

Effect of Therapeutic Touch in Patients with Cancer: a Literature Review.

Amir Tabatabaee [1] , Mansoureh Zagheri Tafreshi [2] , Maryam Rassouli [3] , Seyed Amir Aledavood [4] , Hamid AlaviMajd [5] , Seyed Kazem Farahmand [6]

Doi: https://doi.org/10.5455/medarh.2016.70.142-147

Texto completo en inglés:
https://www.ncbi.nlm.nih.gov/pmc/articles/PMC4860206/

Resumen

Antecedentes: El uso de técnicas de medicina alternativa y complementaria (MCA) ha ido en aumento. El Centro Nacional de Medicina Alternativa y Complementaria coloca el Toque Terapéutico (TT) en la categoría de energía de campo biológico. Esta revisión de la literatura tiene como objetivo evaluar críticamente los datos de los ensayos clínicos que examinan la eficacia clínica del toque terapéutico como una modalidad de atención de apoyo en pacientes adultos con cáncer.

Métodos: Se realizaron búsquedas en bases de datos electrónicas (PubMed, Scopus, Scholar Google y Science Direct) desde el año 1990 hasta el 2015 para localizar artículos potencialmente relevantes revisados por pares utilizando las palabras clave toque terapéutico, terapia táctil, neoplasia, cáncer y CAM. Además, se realizaron búsquedas manuales en revistas y referencias relevantes de todos los artículos localizados para otros estudios potencialmente relevantes.

Resultados: Se encontró el número de 334 artículos a partir de las palabras clave, de los cuales se examinaron 17 artículos relacionados con el ensayo clínico de acuerdo con los objetivos del estudio. En el conjunto de datos final había un total de 6 artículos en los que se observaron varios ejemplos de los efectos positivos del toque curativo sobre el dolor, las náuseas, la ansiedad y la fatiga, la calidad de vida y también sobre los parámetros bioquímicos.

Conclusión: A partir de los resultados de este estudio, se puede afirmar el uso de TT, como una intervención no invasiva para mejorar el estado de salud en pacientes con cáncer. Además, el toque terapéutico demostró ser una estrategia útil para los pacientes adultos con cáncer.

2015

***La eficacia de la estimulación del punto de acupuntura en el tratamiento de la angustia psicológica: un meta-análisis.**
Gilomen, S. A. & Lee, C. W. (2015). The efficacy of acupoint stimulation in the treatment of psychological distress: A meta-analysis. J. Behavior Therapy & Experimental Psychiatry, 48 (2015) 140-148.
Doi: https://doi.org/10.1016/j.jbtep.2015.03.012
Abstract: https://www.ncbi.nlm.nih.gov/pubmed/25863484
Artículo completo en inglés:
https://researchrepository.murdoch.edu.au/id/eprint/26284/1/The_efficacy_of_acupoint_stimulation_in_the_treatment_of_psychological_distress.pdf

Antecedentes y objetivos: las técnicas de libertad emocional (EFT) son un tipo de terapia que involucra la estimulación de los puntos de acupuntura mientras se usa una afirmación hablada para apuntar a un problema psicológico.
Mientras que algunos estudios citan datos que indican que EFT es altamente eficaz, los hallazgos en otros estudios no son convincentes. El objetivo de este metanálisis fue para examinar el efecto de EFT, estimulación particular del punto de acupuntura, en el tratamiento de Trastorno psicológico.

Método: una revisión sistemática de la literatura identificó 18 ensayos de control aleatorio publicado en revistas revisadas por pares con un total de 921 participantes.

Resultados: un tamaño de efecto moderado (Hedge's g ¼ -0.66: IC 95%: -0.99 a -0.33) y se encontró una heterogeneidad significativamente alta (I2 = 80.78) entre los estudios utilizando un método aleatorio modelo de efectos que indica que EFT, incluso después de eliminar valores atípicos (disminuye en I2 ¼ 72.32 y g de Hedge ¼ -0.51: IC 95%: -0.78 a -0.23), parece producir un efecto.

El análisis incluyó 12 estudios que comparaban EFT con controles de lista de espera, 5 con adjuntos y solo 1 comparación con un tratamiento alternativo.

Meta-regresión y análisis de subgrupos se realizaron para examinar el efecto de los moderadores sobre el tamaño del efecto del cambio de síntomas siguiendo a EFT.

Conclusiones: debido a deficiencias metodológicas, no fue posible determinar si el efecto se debe a la estimulación del punto de acupuntura o simplemente debido a elementos de tratamiento comunes con otras terapias.

***Revisión de Access Bars por el neurocientífico Dr. Jeffrey L. Fannin.**
Review of Access Bars by Neuroscientist Dr. Jeffrey L. Fannin.
https://www.youtube.com/watch?v=DgGbFRjqQPk&feature=youtu.be

Transcripción del texto del video:
Dr. Jeffrey Fannin: Cuando vengo y hago estas cosas en vivo, no sabemos lo que va a suceder.
Me pidieron hacer mapas cerebrales de algunas personas a las que les aplicaron las barras (Access Bars) y accedí. Siempre trato de estar a la vanguardia estoy al principio de la curva que encabeza la curva y tengo que ver para atrás para ver donde está lo más avanzado.

Solo les puedo decir que cuando vi los resultados, quedé con la boca abierta. Recuerden que llevo haciendo esto 16 años y he visto cerebros de todo tipo y toda condición y es la primera vez que veo un cerebro hacer lo que voy a mostrarles.

Les digo, a mi sorprendió muchísimo, y cuesta mucho sorprenderme a mí.
Ok, así que no les mencionamos ayer que una de las cosas se llama Barras y son 32 puntos en la cabeza que están diseñados básicamente para "borrar archivos de tu memoria" para que puedas crear el cambio que deseas en la forma que quieras.

Tenemos varias bases de datos, que son formas distintas de ver esta información y esto aumenta el nivel de credibilidad y confiabilidad.

Les voy a enseñar todas las formas en las que medimos con un electroencefalograma, con el casco en la cabeza y medimos con los 19 electrodos, ojos cerrados, cerebro en tarea, entonces, les corrieron las barras lo hicimos otra vez en seguida de la misma forma, con el casco en la cabeza, medido con ojos cerrados y cerebro en la tarea les voy a enseñar lo que sucedió.

Este es un mapa cerebral normal y este es antes. En este pueden ver el área roja que se enciende.

Esta es el área que identificamos como PZ y muestra 3 desviaciones estándares arriba de lo considerado normal.

Entonces, hicieron, creo 1.5 horas de correr las barras, e inmediatamente después, hicimos la medición y esto es lo que se muestra. ¿Pueden ver la diferencia? Está bien. Esta es una medida, que podemos observar.

Veamos otra cosa. Se llama sLORETTA. Significa Tomografía electromagnética científica de baja resolución, pero olvídenlo. Así es como se ve. Se muestra donde está la pequeña linea roja, esta área es PZ, es donde teníamos el área roja de antes a una diferente escala.

Nos muestra el amarillo como 3 desviaciones estándares de lo normal y está a 2.7 Hertz, está en rango de ondas delta, de baja frecuencia.

Aquí abajo dice 4.97, es decir casi 5 desviaciones estándares arriba de lo que se considera normal. totalmente fuera de rango. Como podemos ver aquí está como se ve después. El color oscuro es el rango normal.

Dice que el cambio se dio a 2 hertz. Esto está todo muy bien.

Hay otra parte que también observamos, llamada la parte s-LORETTA y nos da una triangulación.

Tenemos un eje X, la línea negra, un eje Y, que apunta hacia arriba en el aire y un eje Z.

Logrando esta triangulación que nos muestra exactamente donde, ¿Y vemos esto en la parte de atrás del cerebro?

Eso es PZ, lo que acaban de ver todo de colores. Esto es después.
¡Desapareció! Esto no sucede en mi mundo de medir cerebros. No en un lapso de pocos minutos.

Ahora, siendo el científico que soy, eso no es suficientemente bueno para mí.
Es fabuloso, pero lo quiero ver en acción. ¿Lo quieren ver en acción?
¿Seguros?
Bueno.
Este es el cerebro, el área PZ, que estamos observando ahí. Y pueden ver el rojo encendiéndose y apagándose. Esta es la cinta del electro-encefalograma.
El mismo electroencefalograma de ojos cerrados, lo estamos repitiendo, las partes que les quiero mostrar. Les pedí que hicieran esta película para mi,
Para mostrarles.

Ahora vean el "después" también. Así que aquí está el "después". Bueno, aquí está el "después", veamos el "antes"...¿Lo ven? Este es el antes, y se nota el rojo, y después vemos esto...OK.

Gary Douglas: ¿El azul es bueno?
Mujer: ¿Qué significa el rojo?
Dr. Jeffrey: El rojo significa 4 desviaciones estándar por encima de lo normal. Un cerebro muy muy activo.
Mujer: Ok, rojo significa actividad. Ok, entiendo. Gracias.
Dr. Jeffrey: Podríamos discutir el tipo de actividad, pero es solo muy muy activo. Trabajando con foco, concentración y atención, ¿ok? Significa cerebros haciendo esto...Es el término científico.
Gary Douglas: ¡Gracias! ¡Me gusta ese!

Dr. Jeffrey: Ok. así que siendo el científico que soy, esto no es suficientemente bueno para mi. Quiero ver la imagen completa, ¿ok?

Pueden ver las pequeñas cabezas aquí. Esta aquí en delta. Vamos a observar esa como un sitio entre la secuencia de eventos.

Y las cosas adicionales que están aquí abajo que observamos son coherencia.

La coherencia es la forma en que el cerebro procesa información. Hay hipo coherencia e híper coherencia. El azul indica que tenemos hipo coherencia. Lo que estamos observando que pasa es que el cerebro hace sus cosas normales. La fase en la coherencia es la que permite ese nivel superior de consciencia.

Midiendo a miles de meditadores avanzados en los últimos años.

Hablando con ellos, y mirando sus mapas cerebrales, hemos sido capaces de determinar que la relación entre fase y coherencia es muy importante.

Hemos hecho también cosas con mapas del corazón, donde la gente usa este dispositivo para el corazón durante 24 horas, y los mapeamos durante su meditación.

Ellos meditaban durante dos horas, cada vez, en un cuarto como éste. Así que nosotros teníamos 450 personas y medíamos a algunas de estas personas, verificando la relación. Cuando la gente tenía estas experiencias profundas, cuando tenían energía de kundalini, y lo mapeamos y tenemos validado, cuando la fase y la coherencia se hacen muy importantes, y vemos una alineación de la fase y la coherencia, en lo que ahora les mostré, y la coherencia del corazón, Cuando hay coherencia del cerebro y del corazón, la gente comienza a tener estas experiencias mágicas.

Y su energía se alinea. Esto es como cuando hablas de alinear la energía en los chakras fusionando esa energía. Esto es lo que hemos estado viendo.

Lo que veo en esta situación de las barras, no es solo una alineación física completa, estoy hablando de una alineación con el universo, porque hay una parte del cerebro, llamada el tálamo, que regula todas estas frecuencias, y en la cima del tálamo hay una cosa llamada la puerta talámica.

En la puerta del tálamo hay una serie de lo que llamamos "células reticulares". Estas células reticulares permiten a otras células unirse a ellas, formando células de columna axonal, Que crecen hacia afuera del cerebro y salen por aquí. Y ¿cómo llamamos a esto? El chakra corona.

Esa es la antena. Entonces, cuando se da lo que llamamos una solación, vibración del campo y está entrando por tu chakra corona, bajando por la puerta talámica, entrando a tu cerebro, y todas las frecuencias se distribuyen ahí, y se convierten en resonancia.

Las células de tu cuerpo resuenan con esa energía. Así que, cuando tienes un pensamiento, ¿de dónde viene?
Inicia en las regiones subcorticales del cerebro, sube por la puerta talámica, sale aquí e interactúa con el campo. ¿Siguen conmigo? ¿Recuerdan ayer que hablaba de 17 segundos?

Si mantienen esa energía, sacan esa energía durante 68 segundos, esa energía de onda que está saliendo, y mantienen por ese plazo de tiempo, la visualización que tuvieron y que acaban de hacer, ese tipo de visualización si la mantienen por 68 segundos, tiene ahora suficiente energía de masa en el cerebro, para afectar la energía de las partículas.

Ahí es donde se da la transición, así que mientras más mantengan estos pensamientos, mientras más tiempo trabajen con ellos, con visualización, películas mentales, ya saben, la técnica que más les guste, el poder de esto es absolutamente astronómico. Ahora, para poder fusionar esa energía y unirla lo que recién les mostré es absolutamente posible. Y creo que tenemos, con la única persona que procesamos hasta ahora, pero como científico les digo, que lo que vi durante los dos últimos años, y los miles de personas con las que he trabajado, esto es totalmente asombroso.

Y estoy seguro de que cada uno de ustedes tiene la habilidad de aprovechar esta energía De empezar a trabajar con ella dentro de ustedes mismos, porque no es la magia de la ciencia, La ciencia nos ayuda a mostrarles lo que sucede y cómo sucede dentro de ti como individuo.

Crédito de traducción del video: M. Elena Blanco

***Principios de trabajo de Constelaciones, fenómenos de resonancia y chamanismo en Sudáfrica.**
Constellation work principles, resonance phenomena, and shamanism in South Africa Claude-Hélène Mayer, Adriaan Viviers First Published June 25,

2015
Abstract. https://doi.org/10.1177%2F0081246315591339
Artículo completo en inglés:
http://uir.unisa.ac.za/bitstream/handle/10500/19642/Constellation%20work
%20principles%20resonance%20phenomena%20and%20shamanism%20in%20S
outh%20Africa.pdf;sequence=1.pdf

El trabajo pionero de Bert Hellinger en "Familien-Stellen" (trabajo de constelación) comenzó en la década de 1970 en KwaZulu-Natal, Sudáfrica. Fue el comienzo del movimiento terapéutico internacional, que se basa contemporáneamente en diferentes enfoques de intervención teórica y terapéutica. Desde entonces, el trabajo de constelación ha recibido reconocimiento en Europa, seguido de Estados Unidos, Australia y más tarde Asia. Los científicos y profesionales han contribuido a su desarrollo.

Sin embargo, el trabajo de constelación como asesoramiento e intervención terapéutica en contextos africanos apenas ha sido reconocido y explorado.

Este artículo explora los principios y los fenómenos de resonancia en el trabajo de constelaciones y sus interrelaciones con el chamanismo como un método de intervención de asesoramiento intercultural. El estudio utiliza un enfoque empírico de investigación cualitativa en profundidad dentro del paradigma fenomenológico y entrevistas semiestructuradas con seis facilitadores de constelaciones y observación participativa. Los hallazgos proporcionan información sobre los principios del trabajo de constelación en Sudáfrica, explicaciones de las resonancias y el fenómeno del campo de conocimiento, la conexión del trabajo de constelación y el chamanismo, así como las direcciones futuras específicas del contexto. Por lo tanto, proporciona recomendaciones teóricas y prácticas en contextos africanos y más allá.

***Psicoterapia Neurolingüística (PNL) basada en la evidencia: un metaanálisis.**
Evidence-based Neuro Linguistic Psychotherapy: a meta-analysis.
Zaharia C, Reiner M, Schütz P. Psychiatr Danub. 2015 Dec;27(4):355-63.
PMID: 26609647
Abstract: https://www.ncbi.nlm.nih.gov/pubmed/26609647
Artículo completo en inglés: https://www.nlpt.at/res2.pdf

ANTECEDENTES: El Marco de Programación Neurolingüística (PNL) ha gozado de una enorme popularidad en el campo de la psicología aplicada. La PNL se ha utilizado en negocios, educación, derecho, medicina y psicoterapia para identificar los patrones de las personas y alterar sus respuestas a los estímulos, para que puedan regular mejor su entorno y a sí mismos. La PNL busca alcanzar metas, crear relaciones estables, eliminar barreras como los miedos y las fobias, desarrollar la autoconfianza y la autoestima, y lograr el máximo rendimiento. La Psicoterapia Neurolingüística (PNL) abarca la PNL como marco y conjunto de intervenciones en el tratamiento de individuos con diferentes problemas psicológicos y / o sociales. Apuntamos sistemáticamente a analizar los datos disponibles sobre la efectividad de la Psicoterapia Neurolingüística (NLPt).

SUJETOS Y MÉTODOS: El presente trabajo es un metaanálisis de estudios, ensayos observacionales o controlados aleatorios, para evaluar la eficacia de la Programación Neurolingüística en individuos con diferentes problemas psicológicos y / o sociales. Las bases de datos buscaron para identificar estudios en inglés y alemán: CENTRAL en la Biblioteca Cochrane; PubMed; ISI Web of Knowledge (incluya también los resultados de Medline y la Web of Science); PsycINFO (incluidos PsycARTICLES); Psyndex; Deutschsprachige Diplomarbeiten der Psychologie (base de datos de tesis en psicología en lengua alemana), Social SciSearch; Biblioteca nacional de salud y dos bases de datos de investigación específicas de PNL: una de la Comunidad de PNL (http://www.nlp.de/cgi-bin/research/nlprdb.cgi?action=res_entries) y otra del Grupo de PNL (http://www.nlpgrup.com/bilimselarastirmalar/bilimselarastirmalar-4.html#Zweig154).

RESULTADOS: De un total de 425 estudios, 350 fueron eliminados y se consideraron no relevantes según el título y el resumen. En el análisis final, se incluyen 12 estudios con un número de participantes que oscila entre 12 y 115 sujetos. La gran mayoría de los estudios fueron prospectivos de observación. El documento actual representa el primer metanálisis que evalúa la efectividad de la terapia de PNL para personas con problemas sociales / psicológicos. El metanálisis general encontró que la terapia de PNL puede agregar una diferencia media estandarizada general de 0,54 con un intervalo de confianza de IC = [0,20; 0,88].

CONCLUSIÓN: La psicoterapia neurolingüística como una modalidad psicoterapéutica basada en marcos teóricos, metodologías e intervenciones científicamente desarrolladas, incluidos modelos desarrollados por PNL, muestra resultados que pueden mantenerse en comparación con otros métodos psicoterapéuticos.

***Brainspotting (BSP): atención sostenida, vías espinotalámicas, procesamiento talamocortical y curación de la orientación adaptativa truncada por la experiencia traumática.**
Brainspotting: sustained attention, spinothalamic tracts, talamocortical processing, and the healing of adaptive orientation truncated by traumatic experience.
Corrigan FM, Grand D, Raju R. Med Hypotheses. 2015 Apr;84(4):384-94.
DOI: https://doi.org/10.1016/j.mehy.2015.01.028
Epub 2015 Jan 29.
Abstract: https://www.ncbi.nlm.nih.gov/pubmed/25665861
Artículo completo en inglés:
https://brainspotting.com/wp-content/uploads/2018/02/Corrigan-Grand-and-Raju-2015-MedHyp84-384%E2%80%93394.pdf

Establecimos hipótesis que se basan en la técnica de Brainspotting (Grand, 2013) [1] pero tienen una aplicabilidad más amplia dentro del rango de psicoterapias para los trastornos postraumáticos y otros. Anteriormente (Corrigan y Grand, 2013) [2] sugerimos mecanismos mediante los cuales se puede establecer un Brainspot durante la experiencia traumática y luego identificarlo en la terapia. Aquí buscamos formular mecanismos para el proceso de curación que ocurre durante la atención consciente al Brainspot; y generamos hipótesis sobre lo que sucede durante el tiempo que tarda el proceso de curación orgánica en completarse durante la sesión de terapia y más allá.

La orientación completa a la memoria aversiva de una experiencia traumática no se produce cuando un alto nivel de excitación fisiológica que amenaza con convertirse en abrumador promueve una reducción progresiva neuroquímica de la activación: entonces no hay resolución. En Brainspotting y otras psicoterapias de trauma, la curación puede ocurrir cuando la orientación completa a la memoria es posible gracias a los colículos superiores pulvinar, al núcleo superior colículomediodorsal y a las vías superiores del núcleo colículo-intralaminar que se unen electrofisiológicamente para un procesamiento talamocortical coherente. La respuesta del cerebro a la memoria se "restablece" para que la respuesta emocional experimentada en el cuerpo y transmitida a través del tracto paleospinotalámico al cerebro medio y el tálamo y luego a los ganglios basales y la corteza, ya no sea perturbadora. La finalización del "restablecimiento" de orientación asegura que la memoria se reconsolida sin molestias y que el recuerdo del evento posteriormente ya no se activa disfóricamente a nivel fisiológico.

Lo que no se puede mirar puede seguir causando problemas indirectamente a través de sensaciones desagradables, emociones perturbadoras y hasta cogniciones desalentadoras y autoevaluaciones. Para ver completamente lo que hay allí, para despojarlo de su poder de paralizar la mirada antes de enfocarse en lo que es intolerable, se requiere un profundo nivel de sintonía entre el paciente y el terapeuta y la liberación de un proceso de curación endógeno. El yo se redefine por la orientación alterada: lo que oriento hacia o desde lo que se cambia fundamentalmente y con ese cambio de perspectiva es el nuevo sentimiento de quién y qué soy. La orientación adaptativa puede producirse desde la médula espinal hasta la neocorteza y solo se completa cuando todas las capas organizadas del cerebro, con sus plantillas establecidas a lo largo de la evolución, se han armonizado. El fragmento de memoria que proporcionó el acceso al material traumático almacenado se ha integrado en un sistema de funcionamiento suave [74]. y poderoso se produce.

Brainspotting (BSP) proporciona el entorno en el que puede producirse dicha curación y, por lo tanto, es un laboratorio ideal para la investigación neurofenomenológica.

***Tratamientos efectivos (BSP, EMDR y TCC) para el trastorno de ansiedad generalizada.**
Effective treatments for generalized anxiety disorder.

Research Director: Dr. Javier Anderegg1. Institute Anderegg. Alicante. Spain. Corpus ID: 22810376.
Abstract: https://www.semanticscholar.org/paper/Effective-treatments-forgeneralized-anxiety-Anderegg/a206d7015dda058be4a6e93d16da66152ffef07d
Artículo completo en inglés:
https://pdfs.semanticscholar.org/6af7/fa293a91528ae4d165b3196cb8f17c9d058c.pdf

Tanto en la investigación aplicada como en la práctica clínica es común tener que evaluar el cambio experimentado por los pacientes como resultado de su tratamiento.

Este es un estudio clínico comparativo experimental en el que tres técnicas de intervención terapéutica se discuten para el tratamiento del trastorno de ansiedad generalizada (TAG), con respecto a un control grupo (CG). La primera técnica se basa en programas de terapia cognitiva conductual (TCC), el segundo en las técnicas de desensibilización y reprocesamiento del movimiento ocular (EMDR), y el tercero consiste en técnicas de localización que involucran la posición ocular relevante y la red neuronal activado para acceder al lugar particular donde se soluciona el problema en el cerebro (BSP). Estas Se administraron procedimientos terapéuticos a un total de 59 pacientes con ansiedad generalizada trastorno, asignado por un procedimiento aleatorio a los tres grupos de tratamiento. Más de 19 pacientes con TAG permaneció en el grupo de control de espera. La evaluación de la eficacia se realizó utilizando las siguientes pruebas psicométricas: Inventario de ansiedad por rasgos de estado.

(STAI) de C.D. Spielberger, la ansiedad de Beck Inventario (BAI) y las unidades subjetivas de perturbación (SUDS). Los resultados muestran que los tres programas lograron un cambio clínicamente significativo en este trastorno en la mayoría de las personas, lo que resultó en un mayor nuevo enfoque de tratamiento efectivo de Brainspotting y las técnicas de movimiento ocular desensibilización y reprocesamiento.

Conclusiones

Debe considerarse que el valor de la estimación del tamaño del efecto debe interpretarse en el contexto de este ensayo y este ensayo clínico y en esta área particular de investigación, siendo que el tamaño del efecto terapéutico corroborado en esta muestra de pacientes con TAG puede ser de gran importancia en una intervención basada en la evidencia en la práctica clínica, los avances en los tratamientos psicológicos en los últimos años han sido significativos. La extensión de lo mismo en la práctica clínica basada en la eficacia terapéutica es limitada. Ya no se mantiene antes de la evidencia clínica progresiva un ecumenismo políticamente correcto en el que todas las terapias son idénticas o similar efectivo Nuevos avances en neurociencia y su implementación a través de específicas técnicas (entre otras, EMDR, BSP y técnicas de integración cerebral) permiten que una terapia de impacto existe debido a una psicología clínica basada en la evidencia. Más estudios, que optimicen aún se necesitan para la efectividad y eficiencia de las terapias empíricas validadas.

Lsa terapias EMDR y BSP son modelos de enfoque altamente efectivos para resolver trastorno de la ansiedad generalizada y no solo para TEPT. Los datos de este ensayo clínico experimental sugieren que deben considerarse como terapias de elección para el tratamiento del TAG además de la TCC, dado que se obtuvieron mejores resultados con BSP y EMDR que con CBT.

Tanto técnicas de procesamiento neurobiológicas como cerebrales proporcionan a los pacientes una reestructuración de las experiencias y contextualizar las mismas, hasta que estas se perciban de manera positiva o neutral, lo que permite al individuo una asimilación y producción de futuras respuestas adaptativas.

***Terapias de trauma emergentes: análisis crítico y discusión de tres enfoques novedosos.**
Emerging Trauma Therapies: Critical Analysis and Discussion of Three Novel Approaches.
Kjerstin Gurda Pages 773-793 | 2015
Abstract: https://doi.org/10.1080/10926771.2015.1062445
Artículo completo en inglés:

Los trastornos y el tratamiento relacionados con el trauma han ganado una atención creciente en las últimas 3 décadas, estimulando el desarrollo de nuevos enfoques de tratamiento. Muchos de estos se incorporan a la práctica clínica a pesar de la falta de una base de evidencia sólida o análisis imparciales para facilitar la interpretación de la información existente. Aunque los tratamientos pueden basarse en elementos de terapias validadas, persisten las preguntas sobre la eficacia incremental de los nuevos enfoques. Tres nuevas terapias que podrían justificar un examen más detallado incluyen psicología energética, yoga y Brainspotting. Se examina la aparición de nuevas terapias relacionadas con el trauma, y se describe la historia, la teoría, la práctica y la base de evidencia de estas 3 terapias específicas. Se discuten las instrucciones para el trabajo futuro.

Exposiciones como esta podrían servir como un recurso útil para los médicos que buscan discernimiento sobre el tratamiento del trastorno de estrés postraumático.

*Intervenciones Humanitarias para la Recuperación del Trauma con Terapia EMDR en Latinoamérica y el Caribe.

Ignacio Jarero. Lucina Artigas. Susana Uribe. Alaide Miranda

Doi:
https://www.researchgate.net/deref/http%3A%2F%2Fdx.doi.org%2F10.
1891%2F1933-3196.9.2.69

Texto completo en español:

Abstract

Este artículo presenta un resumen de las Intervenciones Humanitarias para la Recuperación del Trauma con Terapia de Reprocesamiento y Desensibilización a través del Movimiento Ocular (EMDR) en Latinoamérica y el Caribe y proporciona al lector ejemplos de historias clínicas obtenidas en la primera línea de apoyo. A lo largo de los muchos años realizando trabajo de campo, hemos observado que el trauma psicológico, como consecuencia de las situaciones multifacéticas que enfrentan los individuos y comunidades después de un desastre, implica un gran reto. En el presente artículo, describimos las Intervenciones Humanitarias con Terapia EMDR realizadas desde 1998 en Latinoamérica y el Caribe, para tratar las perturbaciones psicológicas que se presentan en las y los sobrevivientes después de desastres naturales (ej. inundaciones, deslizamientos de tierra, terremotos), desastres provocados por el hombre, masacres humanas y violencia interpersonal severa. Se ha proporcionado tratamiento a niños, adolescentes y adultos sobrevivientes, frecuentemente en las comunidades donde ocurrieron los desastres; así como a auxiliadores y a pacientes con cáncer. Los protocolos de Intervención Temprana con Terapia EMDR son intervenciones breves y efectivas que pueden ser utilizadas en campo o en situaciones de emergencia. Existe un cuerpo de investigaciones que apoyan el uso de protocolos modificados de Terapia EMDR para tratar el trauma agudo en formatos de atención individual y grupal (Jarero, Artigas, & Luber, 2011).

***Reconstruyendo las seis estrategias anticientíficas para negar una Terapia altamente efectiva. Psicología Energética: Teoría, Investigación y Tratamiento.**
Schwarz, R. (2014). Deconstructing the six anti-scientific strategies for denying a highly effective therapy. Energy Psychology: Theory, Research & Treatment, 6(1).
Texto completo en inglés:
https://acepblog.org/2014/10/09/deconstructing-the-six-anti-scientific-strategies-for-denying-a-highly-effective-therapy-energy-psychology/

Este editorial describe un patrón de seis estrategias básicas de enclavamiento y anticientíficas. del discurso utilizado por escritores y editores que están profundamente predispuestos contra la psicología energética a pesar de la evidencia a favor de su eficacia. Estas estrategias intentan oscurecer sus posiciones bajo una supuesta evaluación objetiva. El nivel de distorsión ha alcanzado nuevas alturas en la reciente publicación de dos artículos altamente sesgados e infamatorios (Gaudiano, Brown y Miller, 2012; Bakker, 2013) seguidos de la negativa de los editores de cada revista a publicar respuestas escritas por personal calificado de expertos en el campo.

De esta forma, evaluaciones antagónicas de la psicología energética en el campo se presentan como revisiones objetivas, mientras que el discurso científico se sofoca. La meta de este editorial es arrojar luz sobre este proceso de distorsión, para que los médicos, los consumidores y los responsables políticos pueden evaluar mejor la evidencia de la eficacia de psicología energética.

Seis estrategias anti-científicas utilizadas por escritores académicos sesgados

Estrategia 1: Escriba "reseñas de la literatura actual" que ignoren toda o la mayor parte de la literatura actual que apoya la psicología energética.

En otras palabras, no permita que los hechos se interpongan en el camino de su historia. Por ejemplo, Bakker (2013) en un artículo titulado "El estado actual de la psicología energética: afirmaciones extraordinarias con evidencia menos que ordinaria". analiza solo 2 de los 17 estudios publicados entre 2008 y 2013. Gaudiano y col. (2012) citan exactamente cero de 17 de esos estudios publicados. Bakker (2014) pone la verdad de cabeza cuando afirma que "el apoyo a la eficacia de la psicología energética se ha estancado" (p. 44), cuando en realidad se está acelerando.

Estrategia 2: mientras se involucra en la estrategia uno, continúe citando los mismos pocos artículos una y otra vez que apoyan la propuesta anti-EP, aunque estén desactualizados, controvertidos y en su mayoría comentarios.

Los artículos que casi siempre se citan son: Devilly (2005), Pignotti (2005), Pignotti y Thyer (2009), Herbert & Gaudiano (2005), Lilienfeld (2007) y Waite y Holder (2003). Si observa artículos anti-EP, casi siempre se utilizan estas citas. Pero las disputas de estos artículos nunca se citan. La investigación de PE con resultados positivos continúa acumulándose. Mientras tanto, no ha habido ningún dato que pueda interpretarse como contradictorio aparte de Waite y Holder (2003) o Pignotti (2005) en los últimos doce años. De hecho, son las publicaciones anti-EP las que se han estancado.

Estrategia 3: Nunca dé crédito parcial; encuadre siempre el discurso en términos de todo o nada; negarse a enmarcar el tema de cualquier manera de desarrollo y no acomodar ninguna evidencia nueva de ningún otro campo de actividad, incluso si es relevante.

La investigación científica de los fenómenos es evolutiva. Si bien se puede argumentar que se necesita una mejor metodología, también se necesita dar crédito a quien se lo merece. La estrategia de los autores anti-EP es describir el estado de la investigación como si no se hubieran producido avances; tampoco ha habido mejoras metodológicas en los estudios de PE, como los grupos de control, el tamaño del efecto y el seguimiento, lo cual no es exacto.

Estrategia 4: Atacar ad hominem a los partidarios del PE.

Primero, digamos que el autor es parcial, porque tiene algún interés financiero en el enfoque. El argumento es engañoso. Supone que los asuntos financieros no influyen en todos los aspectos de los esfuerzos científicos. Los científicos deben dedicar gran parte de su tiempo a obtener subvenciones que les permitan pagar sus salarios. Por lo tanto, han incrustado intereses financieros en una investigación exitosa y se aseguran de que la forma en que conduzcan sus esfuerzos científicos sea considerada por los poderes que sean dignos de una subvención.

En segundo lugar, ignore la mayor posibilidad de sesgo significativo, a saber, el ego profesional. Por ejemplo, Gaudiano et al. (2012) repiten el cargo de conflicto de interés financiero, pero luego declaran que no tienen "ningún conflicto de interés potencial con respecto a la investigación, autoría y / o publicación de este artículo" (p. 653). De hecho, Gaudiano tiene un potencial conflicto de intereses significativo. Ya ha publicado artículos muy críticos sobre EP; por ejemplo, el artículo de Herbert & Gaudiano (2005) que es citado habitualmente por personas en este campo. No es el único con este potencial conflicto.

En tercer lugar, Gaudiano et al (2012) han llevado los ataques ad-hominem a un nuevo nivel, al interpretar erróneamente sus hallazgos para sugerir que los terapeutas que usan EP sufren de habilidades de pensamiento crítico insuficientes. Sise et al (2014) hacen un trabajo superlativo al desacreditar sus argumentos seriamente defectuosos.

Estrategia 5: En caso de duda, enmarque cualquier hallazgo positivo en la literatura relacionada con PE como placebo. Mejor aún, encuadre la EP como que de alguna manera tiene un efecto superplacebo (Bakker, 2013, p. 3). El término "superplacebo" es un oxímoron. Cuando describe algo que tiene cualidades de super-placebo, está admitiendo que hay más cosas que el placebo regular. Eso significa que ya no es un placebo, por definición.

Estrategia 6: Centrar el argumento en gran medida en las teorías subyacentes orientadas a la energía sobre el mecanismo de acción basado en la energía que, hasta la fecha, ha sido difícil de fundamentar.

Hay varios problemas con esta postura. En primer lugar, adopta la posición de que, dado que el mecanismo de acción no puede identificarse con sistemas de energía, como los meridianos, el enfoque queda invalidado e incluso es pseudocientífico. Este argumento es erróneo en varios niveles. Una revisión rápida de la Physician's Desk Reference para medicamentos revelará que, en muchas circunstancias, el mecanismo de acción de un medicamento no está claro. Esto no impide que los médicos prescriban. El hecho de que un fenómeno no pueda medirse fácilmente no descalifica el discurso científico. Los físicos pueden tardar décadas y miles de millones de dólares en crear los medios para probar y medir sus teorías.

Un segundo problema es que los críticos argumentan que la EP funciona pero que funciona debido al aspecto de exposición del tratamiento. Entonces no hay nada nuevo aquí. Sin embargo, algunas investigaciones sugieren que la estimulación de los puntos de acupuntura agrega poder a la CBT (Zhang, Feng, Xie, Xu y Chen, 2011), y que la estimulación del sistema de meridianos es un ingrediente activo (Fox y Malinowski, 2013; Wells et al., 2003; Zhang, Feng, Xie, Xu y Chen, 2011).

En tercer lugar, la multitud anti-EP socava su propio argumento de "EP simplemente utiliza los mismos principios que otras terapias como la TCC, por lo que, si bien es eficaz, no debe considerarse una terapia legítima" con la afirmación simultánea que están tratando de proteger. el público, desde los terapeutas de aceite de serpiente que venden remedios de placebo hasta los ingenuos. Esta posición sigue apareciendo en sus publicaciones, a pesar de que hay poca evidencia que apoye tal postura.

***Eficacia de la terapia de campo de pensamiento (TFT) después de traumática a gran escala eventos.**
Dunnewold, A.L., 2014. Thought field therapy efficacy following large- cale traumatic events. Curr. Res. Psychol., 5: 34-39.
Doi: https://doi.org/10.3844/crpsp.2014.34.39
Abstract: http://thescipub.com/abstract/10.3844/crpsp.2014.34.39
Artículo completo en inglés:
http://thescipub.com/pdf/crpsp.2014.34.39.pdf

Se ha demostrado que la terapia de campo de pensamiento (TFT) reduce los síntomas de postraumáticos Estrés (STP) con sobrevivientes de trauma en cuatro estudios en África. En un preliminar de 2006 estudio, adolescentes ruandeses huérfanos, que informaron síntomas de trauma en curso desde el genocidio de 1994, fueron tratados con TFT. Un ensayo controlado aleatorio de 2008 (RCT) examinó la eficacia de los tratamientos TFT facilitados por la comunidad de Ruanda líderes en la reducción de los síntomas de STP en adultos sobrevivientes del genocidio de 1994.

Resultados del estudio de 2008 se repitió en un segundo ECA en Ruanda en 2009. Un cuarto ECA en Uganda (en preparación para la presentación) demostró diferencias significativas en un tercio tratamiento TFT administrado por el líder comunitario. Los estudios descritos aquí sugieren que las intervenciones TFT facilitadas por líderes comunitarios por única vez pueden ser beneficiosas con PTS prolongado en sobrevivientes de genocidio.

***Psicología energética-prácticas y teorías de nuevas combinaciones de psicoterapia.**
Benor, D.J., 2014. Energy psychology-practices and theories of new combinations of psychotherapy. Curr. Res. Psychol., 5: 1-18.
Doi: https://doi.org/10.3844/crpsp.2014.1.18
Abstract: http://thescipub.com/abstract/10.3844/crpsp.2014.1.18
Artículo completo en inglés:
http://thescipub.com/pdf/10.3844/crpsp.2014.1.18.pdf

La Psicología Energética (EP) incluye un espectro de prácticas en las cuales las personas hacen tapping en sus cuerpos mientras enfocan sus mentes en los problemas que quieren cambiar. Terapias EP A menudo son muy rápidamente eficaces. Este artículo examina variedades de explicaciones de cómo Los trabajos de EP incluyen: cambios cognitivos, condicionamiento psicológico, expectativa efectos, técnicas de distracción, tocar puntos de acupuntura, cambios en otras energías biológicas, curación holística, estimulación alterna de los lados derecho e izquierdo del cuerpo (presumiblemente produciendo estimulación alterna del cerebro izquierdo y derecho hemisferios) y velocidades de conducción nerviosa.

***Un estudio preliminar de la eficacia de Brainspotting (BSP): una nueva terapia para el tratamiento del trastorno de estrés postraumático.**
A preliminary study of the efficacy of Brainspotting — a new therapy for the treatment of Posttraumatic Stress Disorder.
Journal for Psychotraumatology, Psychotherapy Science and Psychological Medicine.
Anja Hildebrand, David Grand, Mark Stemmler
Artículo completo en inglés:
https://rockymountainbrainspottinginstitute.com/wp-content/uploads/2014/07/STEMMLERfinal.pdf

El trastorno de estrés postraumático (TEPT) ocurre con frecuencia en personas expuestas al estrés mental extremo. Por lo tanto, es importante desarrollar un efectivo y bien tratamiento evaluado para este trastorno. Este estudio preliminar evalúa la efectividad de Brainspotting (BSP) - el enfoque terapéutico recientemente desarrollado por David Grand para el tratamiento del TEPT. Se evaluaron datos de 22 clientes de Alemania y EE. UU., quienes fueron tratados con Brainspotting. Tanto la autoevaluación del cliente como una evaluación general por parte del terapeuta se recogió mediante cuestionario. Los síntomas del TEPT y las deficiencias mentales adicionales se redujeron significativamente en tres sesiones de BSP. Según el terapeuta, se observó una reducción de los síntomas en la mayoría de los clientes. Según los autoinformes de los clientes, la carga emocional disminuyó en menos cogniciones negativas relacionadas con el trauma. Estos primeros resultados muestran que el tratamiento del TEPT podría extenderse con Brainspotting, que proporciona una terapia eficaz.

Conclusión
A pesar de las dificultades metodológicas discutidas, cabe señalar que los resultados de este estudio indican evidencia de que Brainspotting en el tratamiento del TEPT conduce a efectos positivos. De estos hallazgos se puede deducir que Brainspotting es una potente alternativa a las formas convencionales de terapia en el tratamiento del TEPT, particularmente, porque los síntomas de los clientes disminuyen después de un breve tratamiento de exposición.

Se necesitan experiencias de otros estudios, que comparen, por ejemplo, Brainspotting con otros métodos de tratamiento, que proporcionen una terapia más larga o un período de seguimiento e incluir clientes con diferentes traumas.

Solo entonces empíricamente más seguramente y diferenciando se pueden obtener resultados de eficacia sobre Brainspotting.

***Brainspotting: reclutamiento del mesencéfalo para acceder y curar recuerdos sensoriomotores de activación traumática.**
Brainspotting: recruiting the midbrain for accessing and healing sensorimotor memories of traumatic activation.
Corrigan F, Grand D. Med Hypotheses. 2013 Jun;80(6):759-66.
DOI: https://doi.org/10.1016/j.mehy.2013.03.005
Epub 2013 Apr 6.
Abstract: https://www.ncbi.nlm.nih.gov/pubmed/23570648
Artículo completo en inglés:
https://brainspotting.com/wp-content/uploads/2018/02/Corrigan-and-Grand-2013-MedHyp80-759-766.pdf

Brainspotting es una psicoterapia basada en la observación de que la activación del cuerpo experimentada al describir un evento traumático tiene un punto resonante en el campo visual. Mantener la atención en ese Brainspot permite que el procesamiento del evento traumático fluya hasta que la activación del cuerpo haya desaparecido. Esto es facilitado por un terapeuta enfocado en el cliente y monitoreando con sintonización.

Establecimos hipótesis comprobables para esta innovación clínica en el tratamiento de los residuos de experiencias traumáticas. La hipótesis principal es que centrarse en el Brainspot involucra una vía retinocolicular hacia el pulvinar medial, las cortezas cingulada anterior y posterior y el surco intraparietal, que tiene conectividad con la ínsula. Si bien el vínculo de la memoria, la emoción y la sensación corporal puede requerir las interconexiones parietal y frontal, y la resolución en la corteza prefrontal, sugerimos que la capacidad de curación de la sensación alterada sobre el yo está ocurriendo en el cerebro medio al nivel del cerebro. colículos superiores y el gris periacueductal.

***La efectividad de la psicoterapia orientada al cuerpo: una revisión de la literatura.**
The effectiveness of body-oriented psychotherapy: A review of the literature.

Alexandra Bloch-Atefi and Julie Smith Melbourne, Victoria, Australia.
Artículo completo en inglés: https://pacja.org.au/?p=2552

Introducción

"Intervenciones de psicoterapia orientadas al cuerpo" es un término general para todas las psicoterapias "que utilizan explícitamente técnicas corporales para fortalecer el diálogo en desarrollo entre el paciente y el psicoterapeuta sobre lo que se está experimentando y percibiendo ... En la mayoría de las escuelas de psicoterapia corporal, el cuerpo es considerado un medio de comunicación y exploración" (Heller, 2012, p. 1).

La psicoterapia corporal o somática es un campo muy diverso (Röhricht, 2009; Young, 2011). El tema común es la conexión entre el cuerpo y la mente y la premisa subyacente de que nuestra relación con nosotros mismos, los demás y el mundo no solo está enraizada en nuestra mente y pensamientos, sino también en nuestros cuerpos.

El enfoque de esta revisión de la literatura está en psicoterapias somáticas y centradas en el cuerpo y está estructurado de acuerdo con las modalidades descritas a continuación. Estas son las únicas áreas empíricamente investigadas en el campo (para una descripción detallada ver el Apéndice 1).

Intervenciones de psicoterapia orientada al cuerpo (incluyendo respiración, terapias de relajación, psicoterapia sensoriomotora, experiencia somática, psicoterapia corporal centrada en el afecto, terapia grupal de concientización corporal, psicoterapia grupal orientada al cuerpo, psicoterapia corporal de Gerda Boyesen)

Terapias de acupuntura (terapia de libertad emocional, terapia de campo de pensamiento)
Terapias táctiles (toque curativo, toque terapéutico)
Terapia basada en la atención plena
Desensibilización y reprocesamiento del movimiento ocular (EMDR)

La terapia basada en la atención plena y la desensibilización y reprocesamiento del movimiento ocular ya son modalidades establecidas y, dada la gran cantidad de investigaciones existentes y la superposición con otras modalidades, se han excluido de la revisión actual.

Revisiones previas y metanálisis de intervenciones de psicoterapia orientadas al cuerpo.

Se encontraron siete revisiones de las intervenciones de psicoterapia orientadas al cuerpo (ver Tabla 1).

Röhricht (2009) evaluó empíricamente el efecto de la psicoterapia orientada al cuerpo en el tratamiento de los trastornos mentales. Encontró que la psicoterapia orientada al cuerpo generalmente tiene buenos efectos sobre los síntomas depresivos y de ansiedad experimentados subjetivamente, somatización, trastornos psicosomáticos e inseguridad social, así como un mejor comportamiento psicomotor e interacción social y emocional en personas que viven con esquizofrenia.

Ventegodt y Merrick (2009) revisaron 857 registros de una búsqueda combinada de Medline / PubMed y PsycINFO y descubrieron que las terapias no farmacológicas como la psicoterapia, el trabajo corporal (sin manipulaciones de alta energía), la medicina mente-cuerpo, psicoterapia corporal, sexología, clínica la medicina holística y la medicina complementaria y alternativa no tuvieron efectos secundarios negativos significativos (NNH (número necesario para dañar)> 18,000). Los autores concluyeron que la probabilidad de efectos secundarios significativos con las intervenciones de psicoterapia orientadas al cuerpo es insignificantemente pequeña, en comparación con la probabilidad de tener efectos secundarios significativos con los medicamentos psicofarmacológicos (NNH = 2) (Adams, Awad, Rathbone y Thornley, 2007)

Otra revisión (Allmer, Ventergodt, Kandel y Merrick, 2009) investigó los efectos adversos del tipo de psicoterapia corporal de Gerda Boyesen.

Revisaron 13,500 pacientes que fueron tratados durante 1985 y 2005. La revisión encontró que al menos uno de cada dos individuos recibió ayuda para mejorar su calidad de vida, o problemas físicos, psicológicos, sexuales, psiquiátricos y existenciales. Ningún paciente se suicidó ni intentó suicidarse durante el tratamiento.

Estas revisiones indican que las intervenciones de psicoterapia orientadas al cuerpo brindan ayuda segura y efectiva para clientes con problemas físicos, mentales, sexuales, relacionados con la calidad de vida psicológica y existencial, así como la prevención del suicidio (Allmer et al., 2009). Las intervenciones parecen ofrecer herramientas psicoterapéuticas adicionales prometedoras en áreas donde las psicoterapias tradicionales parecen fallar, como los trastornos somatomorfos, los síndromes sin explicación médica, el trastorno de estrés postraumático (TEPT), la anorexia nerviosa y la esquizofrenia crónica (Röhricht, 2009).

Estudios empíricos utilizando intervenciones de psicoterapia orientadas al cuerpo.
Diecisiete estudios internacionales de eficacia cumplieron los criterios de inclusión (ver Tabla 2). Los diseños utilizados en estos estudios fueron: ensayos controlados aleatorios (n = 10), cuasiexperimentales (n = 1), estudios de resultado (n = 4), estudio de comparación (n = 1) y un ensayo clínico no controlado (n = 1) Ningún estudio de intervención de psicoterapia somática orientado al cuerpo o australiano cumplió con los criterios de elegibilidad para esta revisión.

Conclusión
El objetivo de esta revisión de la literatura fue determinar la efectividad de las intervenciones de psicoterapia orientadas al cuerpo. La revisión se centró en estudios de eficacia centrados en el cuerpo, somáticos, orientados al cuerpo y en la terapia mente-cuerpo e incluye solo aquellos estudios que potencialmente cumplen con los criterios de la Asociación Americana de Psiquiatría (APA).

Si bien la revisión se propuso incluir la investigación australiana en los últimos diez años, aparte de tres estudios de puntos de acupuntura (Stapleton, Sheldon, Porter y Whitty, 2011; Stapleton, Sheldon y Porter, 2012; Stapleton, Church, Sheldon, Porter y Carlopio, 2013) que ya se habían incluido en dos revisiones anteriores (Church, 2013; Feinstein, 2012), ningún otro estudio australiano cumplió con los criterios de inclusión.

Los estudios internacionales de efectividad sobre las intervenciones de psicoterapia orientadas al cuerpo fueron predominantemente europeos y estadounidenses. Las modalidades incluían respiración, terapias de relajación, psicoterapia sensoriomotora, experiencia somática, psicoterapia corporal centrada en el afecto, conciencia corporal y terapia grupal orientada al cuerpo, psicoterapia grupal orientada al cuerpo y terapias táctiles. El Instituto Nacional de Excelencia en Salud y Atención del Reino Unido ha avanzado en la incorporación de la psicoterapia orientada al cuerpo en las pautas para el tratamiento de la esquizofrenia (Röhricht, 2009).

Se ha demostrado que las intervenciones de psicoterapia orientadas al cuerpo son efectivas con diferentes poblaciones y entornos (Loew, Tritt, Lahmann & Röhricht, 2006; Röhricht, 2009). Sin embargo, en comparación con las modalidades establecidas como EMDR, la terapia basada en la atención plena y la estimulación del punto de acupuntura, las intervenciones de psicoterapia orientadas al cuerpo requieren más investigación empírica para considerarse eficaces de acuerdo con los estándares de la APA. Una dificultad para estandarizar los tratamientos y comparar la efectividad es que la psicoterapia orientada al cuerpo incluye una variedad de enfoques y protocolos diferentes.

Como Röhricht (2009) recomienda, desde una perspectiva científica, se deben realizar más investigaciones sobre la interfaz entre la neurociencia y la psicoterapia, a fin de comprender los procesos terapéuticos en las intervenciones de psicoterapia orientadas al cuerpo de manera más completa, particularmente con respecto al procesamiento emocional, el comportamiento del movimiento y cuerpo / autopercepción.

Además, se necesita más investigación cualitativa para investigar más a fondo las relaciones terapéuticas interactivas únicas en la psicoterapia orientada al cuerpo, la dinámica del tacto en la psicoterapia y el potencial adicional de autoayuda de los componentes de la terapia creativa / artística. Una vez que se cumplan estos requisitos, las intervenciones de psicoterapia orientadas al cuerpo podrían establecerse como una de las principales modalidades psicoterapéuticas en la atención clínica, junto con otras escuelas convencionales como las psicoterapias psicodinámicas, cognitivo-conductuales y sistémicas.

Los ensayos controlados aleatorios se consideran el estándar de oro de la investigación y son el tipo de diseño experimental que generalmente se usa para evaluar una terapia contra los estándares APA; en consecuencia, se necesitan más ensayos en la psicoterapia orientada al cuerpo y en la investigación basada en evidencia. Sin embargo, los ensayos controlados aleatorios pueden no ser necesariamente la mejor forma de investigación para las ciencias más orientadas al ser humano y las ciencias psicosociales, dado que la efectividad de las psicoterapias orientadas al cuerpo depende en gran medida de las relaciones interpersonales dentro del contexto terapéutico (Slade y Priebe, 2001) Slade y Priebe (2001, p. 287) cuestionaron: "¿Son los ensayos controlados aleatorios el único oro que brilla?" Propusieron que: La investigación en salud mental debe abarcar tanto las ciencias naturales como las sociales. La evidencia basada en ECA tiene un lugar importante, pero adaptar los conceptos de un solo cuerpo de conocimiento es descuidar la contribución que otras metodologías bien establecidas pueden hacer (Slade y Priebe, 2001, p. 287).

***Reducir la ansiedad y mejorar el rendimiento físico mediante el uso de una versión avanzada de EMDR: un estudio piloto.**
(Coaching Wingwave)
Reducing anxiety and enhancing physical performance by using an advanced version of EMDR: a pilot study.
Marco Rathschlag & Daniel Memmert. Institute of Cognitive and Team/Racket Sport Research, German Sport University, Cologne, Germany.
Febrero de 2014.
Doi: https://dx.doi.org/10.1002%2Fbrb3.221

Artículo completo en inglés:
https://www.ncbi.nlm.nih.gov/pmc/articles/PMC4055185/

Antecedentes: el objetivo principal de este estudio piloto fue investigar un estudio de versión avanzada de desensibilización y reprocesamiento del movimiento ocular (EMDR) para reducir ansiedad. Métodos: se preguntó a cincuenta participantes en dos momentos de medición (T1 y T2 con un descanso de 4 semanas) para generar ansiedad a través del recuerdo de recuerdos autobiográficos de acuerdo con su ansiedad.

Además, los participantes fueron asignados aleatoriamente a un grupo experimental y un grupo de control, y el grupo experimental recibió una intervención de 1-2 h con el avanzado versión de EMDR para su ansiedad 2 semanas después de T1. En T1 y también T2, medimos la intensidad de la ansiedad de los participantes con una escala Likert (LS) y recopiló la ansiedad del estado (temporal) y rasgo (crónica) de los participantes con el Inventario de ansiedad por rasgos de estado (STAI). Además, medimos el rendimiento físico de los participantes en una prueba para la musculatura del dedo debajo de la inducción de su ansiedad. Resultados: los resultados mostraron que las calificaciones de los participantes de su intensidad percibida de ansiedad (medida por un LS de 9 puntos) y el estado y la ansiedad característica disminuyó significativamente en el grupo experimental pero no en el grupo de control de T1 a T2. Por otra parte, el rendimiento físico bajo la inducción de la ansiedad de los participantes aumentó significativamente en el experimento grupo de T1 a T2 y no hubo cambios significativos en el control grupo.

Conclusiones: el estudio podría mostrar que la versión avanzada de EMDR Es un método apropiado para reducir la ansiedad.
Hasta donde sabemos, el presente estudio fue el primero en investigar los efectos del método wingwave en la reducción de la ansiedad. Los resultados de este estudio piloto parecen prometiendo ayudar a las personas en el futuro a disminuir rápidamente su ansiedad Esperamos que este estudio ayude a informar y motivar la investigación futura para seguir investigando esto Nuevo método en el tratamiento de la ansiedad.

***El Protocolo de EMDR para Incidentes Críticos Recientes: Breve Reporte de Aplicación en Situación de Masacre Humana.**

Ignacio Jarero y Susana Uribe.

Texto completo en español:

Abstract

El presente estudio de campo fue realizado tras el descubrimiento de 218 cuerpos en fosas clandestinas, en el estado mexicano de Durango en abril de 2011. Se llevó a cabo una evaluación psicométrica preliminar, con los 60 empleados de la Procuraduría General del Estado que se encontraban trabajando con los cuerpos. Esto para establecer los criterios de selección y medidas de base. Se administraron la Escala de Impacto del Evento (IES) y la escala Short PTSD Rating Interview (SPRINT). Los 32 individuos que arrojaron puntajes de estrés postraumático y de Trastorno por Estrés Postraumático (TEPT) de moderados a severos, fueron tratados con el Protocolo de EMDR para Incidentes Críticos Recientes (EMDR-PRECI). Los participantes se asignaron a dos grupos: Grupo de Atención Inmediata (GAI, síntomas severos) y Grupo de Atención Demorada (GAD, síntomas moderados). Cada sesión individual con los clientes tuvo una duración entre 90 y 120 minutos. Los resultados demostraron que una sesión de terapia EMDR empleando el Protocolo para Incidentes Críticos Recientes (PRECI), produjo una mejoría significativa en la sintomatología de TEPT y estrés postraumático. Esto tanto para el grupo de atención inmediata como para el grupo de atención demorada. Este estudio provee evidencia preliminar, que sustenta la eficacia del protocolo en un escenario natural de situación de masacre humana, con un grupo de adultos traumatizados trabajando bajo estrés extremo. Se recomienda más investigación para evaluar la eficacia del protocolo.

2013

***Un metaanálisis de la contribución de los movimientos oculares en el procesamiento de los recuerdos emocionales.**
A meta-analysis of the contribution of eye movements in processing emotional memories.
Christopher William Lee y Pim Cuijpers. J Behav Ther Exp Psychiatry.
2013 Jun
Doi: https://doi.org/10.1016/j.jbtep.2012.11.001
Abstract: https://www.ncbi.nlm.nih.gov/pubmed/23266601
Artículo completo en inglés:
https://researchrepository.murdoch.edu.au/id/eprint/13100/1/A_meta-analysis_of_the_contribution_of_eye_movements_in_processing_emotional_memories.pdf

Varios metaanálisis anteriores han encontrado que el EMDR tiene efectos de tratamiento sostenidos y duraderos para el Trastorno de Estrés Postraumático (Bradley et al 2005; Seidler y Wagner, 2006; Bisson et al 2007). Hoy en día se considera que el EMDR cumple con los criterios para la práctica basada en la evidencia en el Reino Unido por el Instituto Nacional para la Excelencia Clínica (NICE, 2005), en los Estados Unidos por la Asociación Americana de Psiquiatría (2004), en Australia por el Centro Australiano para la Salud Mental Postraumática (2007) y en los Países Bajos por el Comité Directivo Nacional de Holanda para Directrices de Atención de la Salud Mental (2003).

Aunque los procesos activos en EMDR parecen ser diferentes a los tratamientos tradicionales de exposición (Lee et al 2006), el mecanismo de acción que da lugar al éxito del EMDR sigue siendo controvertido (Rogers y Silver, 2002; Smyth y Poole, 2002; Shapiro, 2012). Hay desacuerdo en cuanto a si los movimientos oculares añaden algo a la eficacia de EMDR (Davidson y Parker, 2001; MacCulloch, 2006).

Los estudios de tratamiento que han intentado aislar el componente de los movimientos oculares del paquete completo de tratamiento han producido resultados que van desde un efecto muy grande en consonancia con los movimientos oculares mejorando el procesamiento (Wilson et al. 1996) a los resultados que indican que no hay ninguna diferencia (Renfrey y Spates, 1994).

Por otro lado, los estudios de laboratorio no clínicos que investigan los efectos de los movimientos oculares en los recuerdos autobiográficos han encontrado una reducción en la intensidad y/o la emocionalidad en comparación con las condiciones de control tales como *tapping* con los dedos (van den Hout et al. 2001), *tapping* espacial (Andrade et al 1997) y falta de movimientos oculares (Kavanagh et al 2001; Barrowcliff et al 2004; Gunter y Bodner, 2008). Si bien estos estudios de laboratorio muestran un claro efecto de procesamiento de los movimientos oculares, no incluyen todos los elementos de procedimiento del EMDR (Shapiro, 1995).

***Los seminarios de Constelaciones Familiares mejoran el funcionamiento psicológico en una muestra de población general: resultados de un ensayo controlado aleatorio.**
Family Constellation Seminars Improve Psychological Functioning in a General Population Sample: Results of a Randomized Controlled Trial Journal of Counseling Psychology 60(4) · August 2013.
DOI: https://doi.org/10.1037/a0033539
Abstract:
https://www.researchgate.net/publication/255984536_Family_Constellation_Seminars_Im
Artículo completo en inglés:
https://www.researchgate.net/profile/Christina_Hunger/publication/255984536_Family_CConstellation-Seminars-Improve-Psychological-Functioning-in-a-GeneralPopulation-Sample-Results-of-a-Randomized-Controlled-Trial.pdf

El estudio examinó la eficacia de seminarios no recurrentes de constelaciones familiares sobre salud psicológica. Se realizó un ensayo controlado aleatorio (ECA) monocéntrico, simple ciego, estratificado y equilibrado. Después de elegir sus roles para participar en un seminario de constelación familiar como participante activo (AP) u participante observador (OP), 208 adultos (M = 48 años, SD = 10; 79% mujeres) de la población general fueron asignados aleatoriamente al grupo de intervención (IG; seminario de constelación familiar de 3 días; 64 AP, 40 OP) o un grupo de control de lista de espera (WLG; 64 AP, 40 OP). Se predijo que los seminarios de constelaciones familiares mejorarían el funcionamiento psicológico (Cuestionario de resultado OQ-45.2) a las 2 semanas y 4 meses de seguimiento. Además, evaluamos el impacto de los seminarios de constelaciones familiares sobre la angustia psicológica y la incongruencia motivacional. El IG mostró un funcionamiento psicológico significativamente mejorado (d = 0,45 a las 2 semanas de seguimiento, p = 0,003; d = 0,46 a los 4 meses de seguimiento, p = 0,003). Los resultados fueron confirmados para angustia psicológica e incongruencia motivacional.
No se reportó ningún evento adverso. Este ECA proporciona evidencia de la eficacia de la Constelación Familiar en una población no clínica.
Las implicaciones de los hallazgos son comentadas.

*Terapias psicológicas para el trastorno de estrés postraumático crónico (TEPT) en adultos (Revisión)

Bisson, J., Roberts, N.P., Andrew, M., Cooper, R. & Lewis, C. (2013). Psychological therapies for chronic post-traumatic stress disorder (PTSD) in adults (Review). *Cochrane Database of Systematic Reviews 2013,*
DOI: https://doi.org/10.1002/14651858.CD003388.pub4
Abstract: https://www.ncbi.nlm.nih.gov/pubmed/24338345
Artículo completo en inglés:
https://www.cochranelibrary.com/cdsr/doi/10.1002/14651858.CD003388.pub4/full

Conclusiones de los autores:

La evidencia para cada una de las comparaciones realizadas en esta revisión se evaluó como de muy baja calidad. Esta evidencia mostró que el TFCBT individual y el EMDR tuvieron mejores resultados que la atención habitual en la lista de espera para reducir los síntomas del TEPT evaluados por el médico.

Hubo evidencia de que TFCBT individual, EMDR y no TFCBT son igualmente efectivos inmediatamente después del tratamiento en el tratamiento del TEPT.

Hubo alguna evidencia de que TFCBT y EMDR son superiores a los no TFCBT entre uno y cuatro meses después del tratamiento, y también que TFCBT, EMDR y no TFCBT individuales son más efectivos que otras terapias. Hubo evidencia de un mayor abandono en los grupos de tratamiento activo. Aunque se incluyó un número considerable de estudios en la revisión, las conclusiones se ven comprometidas por problemas metodológicos evidentes en algunos. Los tamaños de las muestras fueron pequeños, y es evidente que muchos de los estudios tenían poca potencia.

Hubo datos de seguimiento limitados, lo que compromete las conclusiones con respecto a los efectos a largo plazo del tratamiento psicológico.

***Un estudio de resultados de talleres de crecimiento orientados a la Gestalt.**

An outcome study of gestalt-oriented growth workshops.
Leung GS, Leung TY, Ng ML. Int J Group Psychother. 2013 Jan;63(1):117-25.
Doi: https://doi.org/10.1521/ijgp.2013.63.1.117
https://www.ncbi.nlm.nih.gov/pubmed/23252818
Texto completo en inglés:
https://guilfordjournals.com/doi/pdf/10.1521/ijgp.2013.63.1.11
7

Resumen
En comparación con otras modalidades de intervención, hay relativamente pocos estudios de resultado de la Terapia Gestalt. Este estudio tuvo como objetivo abordar esta brecha mediante la evaluación de los efectos terapéuticos de cuatro talleres grupales orientados a la Gestalt diseñados para mejorar el bienestar en profesionales capacitados como trabajadores sociales, consejeros y psicólogos.

Los resultados de este estudio preliminar no controlado indicaron que los 55 participantes tuvieron un mejor bienestar emocional y experimentaron una mayor sensación de esperanza después de los talleres. Se discuten los factores que conducen a estos resultados positivos.

***EFT clínica como práctica basada en evidencia para el tratamiento de afecciones psicológicas y fisiológicas.**
Clinical EFT as an Evidence-Based Practice for the Treatment of Psychological and Physiological Conditions (2013)
Dawson Church
Doi: https://doi.org/10.4236/psych.2013.48092
Artículo completo en inglés:
https://www.scirp.org/pdf/PSYCH_2013081215123494.pdf

Las Técnicas de Libertad Emocional (EFT) se han movido en las últimas dos décadas de una terapia marginal a una aceptación profesional generalizada.
Este documento define la EFT clínica, el método validado en muchos estudios de investigación, y muestra que es una práctica "basada en la evidencia". Describe los estándares por los cuales se pueden evaluar las terapias, como las del Grupo de trabajo de la División 12 de la Asociación Americana de Psicología (APA), y revisa los estudios que demuestran que la EFT clínica cumple con estos criterios.

Se discuten varios dominios de investigación, que resumen estudios de: 1) afecciones psicológicas como ansiedad, depresión, fobias y trastorno de estrés postraumático (TEPT); 2) problemas fisiológicos tales como dolor y condiciones autoinmunes; 3) rendimiento profesional y deportivo; y 4) los mecanismos fisiológicos de acción de la EFT clínica.

El documento enumera las conclusiones que pueden extraerse de este conjunto de pruebas, que incluye 23 ensayos controlados aleatorios y 17 estudios dentro de los sujetos. Se describen los tres ingredientes esenciales de Clinical EFT: exposición, cambio cognitivo y acupresión. Se ha demostrado que este último es un ingrediente esencial en la eficacia de EFT, y no simplemente un placebo. Nuevas pruebas de campos emergentes como la epigenética, la plasticidad neuronal, la psiconeuroinmunología y la biología evolutiva confirman el vínculo central entre la emoción y la fisiología, y apuntan a la estimulación somática como el elemento común a los métodos psicoterapéuticos emergentes. El documento describe los próximos pasos en la investigación de EFT, como la recopilación de datos basada en teléfonos inteligentes, la terapia grupal a gran escala y el uso de biomarcadores.

Concluye que Clinical EFT es un método estable y maduro con una amplia base de evidencia. Estas características han llevado a una aceptación cada vez mayor en entornos de atención primaria como un tratamiento seguro, rápido, confiable y efectivo tanto para diagnósticos psicológicos como médicos.

***"El estado actual de la psicología energética: afirmaciones extraordinarias con evidencia menos que ordinaria".**
"The current status of energy psychology: Extraordinary claims with less than ordinary evidence".
Bakker, Gary M. (November 2013). Clinical Psychologist. 17 (3): 91–99.
Doi: https://doi.org/10.1111/cp.12020
https://psycnet.apa.org/record/2013-40167-002

Los defensores de las técnicas de psicología energética, como la Terapia de campo de pensamiento y las Técnicas de liberación emocional, han buscado el estado de "terapia empíricamente apoyada" a pesar de una base teórica no respaldada e inverosímil y afirmaciones en respuesta a la representación de un movimiento "pseudocientífico". Recientemente se han publicado dos revisiones importantes de la evidencia de apoyo que se ha acumulado en los últimos 30 años. Este informe de estado actual describe la historia, la teoría, las técnicas, las afirmaciones y las implicaciones del movimiento de psicología energética, examina el apoyo a su base teórica, su apoyo al estudio actual de resultados y ofrece conclusiones y recomendaciones sobre su investigación y perspectivas clínicas. Se concluye que existe un escaso apoyo para las teorías radicales que subyacen a las técnicas de psicología energética, y que el apoyo empírico para su eficacia es metodológicamente débil y no ha sido capaz de demostrar un efecto más allá de los efectos inespecíficos o de placebo, o la incorporación de efectos conocidos como eficaces.

Los únicos estudios de desmantelamiento hasta la fecha han sido no confirmatorios. Es muy improbable que la investigación adicional sea científicamente productiva, y se aconseja a los practicantes científicos que continúen adhiriéndose a principios cognitivos y conductuales bien establecidos.

***Mejora de los síntomas de trauma psicológico en veteranos que utilizan técnicas de liberación emocional (EFT): un ensayo controlado aleatorio.**
Psychological trauma symptom improvement in veterans using emotional freedom techniques: a randomized controlled trial.
Church D, Hawk C, Brooks AJ, Toukolehto O, Wren M, Dinter I, Stein P.
J Nerv Ment Dis. 2013 Feb;201(2):153-60.
Doi: https://doi.org/10.1097/NMD.0b013e31827f6351
Abstract: https://www.ncbi.nlm.nih.gov/pubmed/23364126
Artículo completo en inglés:
https://pdfs.semanticscholar.org/da5f/43bcc80084453a5a347eb7296636f266a990.pdf?_ga=2.50013478.1869329555.1573183902-164010512.1573183902

En 2013 se examinó el efecto de EFT Tapping, en el trastorno de estrés postraumático (TEPT) y los síntomas de trastornos psicológicos en los veteranos de guerra subsidiarios de atención en los servicios de salud mental.

Los veteranos que cumplieron con los criterios clínicos de trastorno de estrés postraumático fueron asignados al azar a EFT (n = 30) o tratamiento estándar en lista de espera (TE/LE, n = 29). La intervención consistió en 6 horas de sesiones de entrenamiento de EFT a la vez que atención estándar.

Los grupos TE/LE y de EFT se compararon antes y después de la intervención (en 1 mes para el grupo de TE/LE y después de seis sesiones para el grupo de EFT). Los sujetos de EFT habían reducido significativamente el malestar psicológico (p<0,0012) y los niveles de síntomas de TEPT (p<0,0001) después de la prueba. Además, el 90 % del grupo de EFT ya no cumplía con los criterios clínicos de TEPT, frente al 4% en el grupo de TE/LE. Después del período de espera, los sujetos TE/LE recibieron EFT. En un análisis longitudinal dentro de los sujetos, el 60% ya no cumplía los criterios clínicos de TEPT después de tres sesiones. Esta cifra aumentó a 86% después de seis sesiones para los 49 sujetos que recibieron finalmente EFT y se mantuvo en el 86% a los 3 meses y al 80% a los 6 meses.

Los resultados son consistentes con los de otros informes publicados que demuestran la eficacia de EFT en el tratamiento del trastorno de estrés postraumático y síntomas comórbidos y sus efectos a largo plazo.

***Efecto de la técnica de liberación emocional sobre el estrés percibido, la calidad de vida y los niveles salivales de cortisol en pacientes con cefalea tensional: un ensayo controlado aleatorio.**
Effect of the emotional freedom technique on perceived stress, quality of life, and cortisol salivary levels in tension-type headache sufferers: a randomized controlled trial.
Doi: https://doi.org/10.1016/j.explore.2012.12.005
https://www.ncbi.nlm.nih.gov/pubmed/23452711

OBJETIVO: Evaluar los efectos a corto plazo de la técnica de libertad emocional (EFT) en los que sufren cefalea tensional (TTH).

DISEÑO: Utilizamos un diseño de grupo paralelo, con participantes asignados aleatoriamente a la intervención de libertad emocional (n = 19) o un brazo de control (atención estándar n = 16).

AJUSTE: El estudio se realizó en la clínica ambulatoria de dolor de cabeza en el Hospital Korgialenio Benakio de Atenas.

PARTICIPANTES: Se inscribieron treinta y cinco pacientes que cumplían los criterios para la TTH frecuente según las pautas de la International Headache Society.

INTERVENCIÓN: Los participantes recibieron instrucciones de utilizar el método EFT dos veces al día durante dos meses.

MEDIDAS DE RESULTADO: Las medidas del estudio incluyeron la Escala de estrés percibido, la Escala multidimensional del locus de control de la salud y el cuestionario de formato corto-36. También se evaluaron los niveles de cortisol salival y la frecuencia e intensidad de los episodios de dolor de cabeza.

RESULTADOS: Dentro del brazo de tratamiento, el estrés percibido, las puntuaciones para todas las subescalas del cuestionario de forma corta-36, y la frecuencia e intensidad de los episodios de dolor de cabeza se redujeron significativamente. No se encontraron diferencias en los niveles de cortisol en ningún grupo antes y después de la intervención.

CONCLUSIONES: Se informó que EFT beneficia a pacientes con TTH. Este ensayo controlado aleatorio muestra resultados prometedores no solo para la frecuencia y gravedad de los dolores de cabeza sino también para otros parámetros del estilo de vida.

***Tendencias en psicoterapia de meridianos: una revisión de la investigación sobre Técnicas de Liberación Emocional (EFT).**
Trends in meridianbased psychotherapy—a review of research on Emotional Freedom Techniques (EFT).
Kim, S-Y., Yin, C-S., Choi, In, W., & Kim, J-W. (2013).
Journal of Oriental Neuropsychiatry, 24(1). 89-100.
Doi: https://doi.org/10.7231/jon.2013.24.Spc1.089
Abstract:

Texto completo en coreano e inglés:

Objetivos: El propósito de este estudio es investigar la investigación sobre Técnica de libertad emocional (EFT) y para comprender las tendencias en meridianos psicoterapia.

Métodos: todos los artículos relevantes para EFT se obtuvieron bases de datos de revistas de Pubmed y Korean. Las palabras clave utilizadas para la búsqueda incluyeron "EFT" y "Emocional técnica de libertad ".

Resultados: 1) 5 revisiones, 11 ensayos controlados aleatorios, 3 ensayos controlados, 1 único Se identificaron estudios comparativos grupales y 4 estudios de casos. 2) trastornos de ansiedad fueron estudiados con mayor frecuencia. Otros estudios incluyeron síntomas como insomnio, depresión y dolor.
Las intervenciones de EFT utilizaron muchos protocolos diferentes y se evaluaron con Varias herramientas. 3) Los artículos de revisión indicaron que las psicoterapias basadas en meridianos, como como EFT, se basan en la teoría de los meridianos de la medicina oriental. Ellos evalúan EFT positivamente por su efectividad en condiciones psiquiátricas.

Conclusiones: EFT se estudia y utiliza cada vez más en la práctica clínica en diversos campos. Se necesitan herramientas de evaluación objetiva y protocolos de intervención estandarizados. para el desarrollo de una nueva directriz para EFT.

***Evidencia limitada de que la Programación Neurolingüística (PNL) mejora los resultados relacionados con la salud.**
Limited evidence that neurolinguistic programming improves health-related outcomes.
Murray, LL. Evidence-Based Mental Health 2013;16:79.
https://ebmh.bmj.com/content/16/3/79
Texto completo en inglés:

Pregunta: ¿Cuáles son los efectos de la Programación Neurolingüística (PNL) en los resultados relacionados con la salud?

Resultados: Los estudios fueron elegibles si habían examinado cualquier resultado relacionado con la salud en cualquier población. Los estudios identificados informaron sobre 18 resultados; La mayoría de los estudios midieron la ansiedad (n = 6) y tres estudios midieron la calidad de vida y la depresión. Otros resultados medidos incluyeron mantenimiento de peso, náuseas matutinas, abuso de sustancias y claustrofobia durante la IRM. Once de las 18 medidas de resultado fueron autoinformadas, 3 fueron objetivas (peso, finalización exitosa de la resonancia magnética, análisis de orina para detectar sustancias ilegales), 2 se observaron y 2 no se informaron. La evaluación del tiempo de resultado varió desde inmediatamente después del tratamiento hasta 3 años.

Diseño: revisión sistemática de estudios experimentales (ensayos controlados aleatorios (ECA) y estudios pre y post prueba).
Fuentes de datos: MEDLINE, PsychINFO, ASSIA, AMED, CINAHL, Web of Knowledge, CENTRAL hasta febrero de 2012. Las búsquedas adicionales incluyeron bases de datos de especialistas en PNL en las Universidades de Bielefeld y Surrey, la Asociación Europea para PNL, otras asociaciones de PNL, grupos de investigación y foros de redes sociales. Búsqueda manual de listas de referencias.

2012

*La APA aprueba a la ACEP créditos de educación continua.

https://www.energypsych.org/page/384

El 11 de noviembre de 2012, la Asociación Americana de Psicología (APA) aprobó a la Asociación de Psicología Energética Integral (ACEP) ofrecer crédito CE para psicólogos para sus programas de Psicología Energética, incluidas las Técnicas de Liberación Emocional (EFT), Técnica de Acupresión de Tapas (TAT), y Terapia del Campo de Pensamiento (TFT), Fundamentos de la Psicología Energética Integral y su Conferencia Anual. Es decir, la APA otorgó créditos de educación continua para que los psicólogos estudien tapping. Esto revierte una decisión de 1999 de la APA que prohibía que sus proveedores aprobados por la APA ofrecieran crédito CE para la terapia de campo de pensamiento y, por extensión, todos los cursos que enseñaran cómo influir supuestamente en los "campos de energía" del cuerpo estimulando puntos de acupresión o utilizando técnicas relacionadas (estos enfoques son colectivamente conocidos como "psicología energética"). ¿Qué ha cambiado? Los datos han cambiado, es decir, la aparición de cantidades significativas de investigación científica revisada.

*Estimulación del punto de acupuntura en el tratamiento de trastornos psicológicos: evidencia de eficacia.

Acupoint stimulation in treating psychological disorders: Evidence of efficacy. *Review of General Psychology, 16*(4), 364-380.
Feinstein, D. (December 2012).
Doi: https://doi.org/10.1037/a0028602
Abstract: https://journals.sagepub.com/doi/abs/10.1037/a0028602?journalCode=rgpa
Artículo completo en inglés:
http://www.innersource.net/ep/images/stories/downloads/Acupoint_Stimulation_Research_Review.pdf

La psicología energética es una modalidad clínica y de autoayuda que combina procedimientos verbales y físicos para efectuar cambios terapéuticos. Si bien utiliza métodos clínicos establecidos, como la exposición y la reestructuración cognitiva, el enfoque también incorpora conceptos y técnicas de sistemas de curación no occidentales. Sus protocolos más utilizados combinan la estimulación de los puntos de acupuntura (al tocarlos, sostenerlos o masajearlos) con la activación mental de un problema psicológico específico. La psicología energética ha sido controvertida, en parte debido a su dependencia de mecanismos explicativos que están fuera de los marcos clínicos convencionales y en parte debido a las afirmaciones de sus primeros proponentes, sin el apoyo adecuado de la investigación, de velocidad y poder extraordinarios para lograr resultados clínicos positivos.

Este documento revisa algunas de las afirmaciones iniciales del campo, así como las prácticas actuales, y las evalúa en el contexto de la evidencia existente. Una búsqueda en la literatura identificó 51 artículos revisados por pares que informan o investigan los resultados clínicos después de tocar los puntos de acupuntura para abordar problemas psicológicos. Los 18 ensayos controlados aleatorios en esta muestra fueron evaluados críticamente para determinar la calidad del diseño, lo que llevó a la conclusión de que demostraron consistentemente tamaños de efectos fuertes y otros resultados estadísticos positivos que superaron con creces la posibilidad después de relativamente pocas sesiones de tratamiento. Los criterios para los tratamientos basados en la evidencia propuestos por la División 12 de la Asociación Americana de Psicología también se aplicaron y se cumplió para una serie de afecciones, incluido el TEPT. También se consideran los mecanismos neurológicos que pueden estar involucrados en estos hallazgos sorprendentemente fuertes.

***El efecto de las técnicas de liberación emocional (EFT) en la bioquímica del estrés: un ensayo controlado aleatorio.**
The Effect of Emotional Freedom Techniques on Stress Biochemistry: *A Randomized Controlled Trial.*
Church, Dawson PhD; Yount, Garret PhD; Brooks, Audrey. PhD
Doi: https://doi.org/10.1097/nmd.0b013e31826b9fc1
https://www.ncbi.nlm.nih.gov/pubmed/22986277
Texto completo en inglés:
https://s3.amazonaws.com/eft-academic-articles/CortisolFinal.pdf

Este estudio examinó los cambios en los niveles de cortisol y los síntomas de angustia psicológica de 83 sujetos no clínicos que recibieron una intervención de una hora de duración. Los sujetos fueron asignados aleatoriamente a un grupo de técnica de libertad emocional (EFT), un grupo de psicoterapia que recibió entrevistas de apoyo (SI) o un grupo sin tratamiento (NT). Los ensayos de cortisol salival se realizaron inmediatamente antes y 30 minutos después de la intervención. Los síntomas de angustia psicológica se evaluaron mediante la evaluación de síntomas-45.

El grupo EFT mostró mejoras estadísticamente significativas en la ansiedad (-58.34%, p <0.05), depresión (-49.33%, p <0.002), la gravedad general de los síntomas (-50.5%, p <0.001) y la amplitud de los síntomas (- 41,93%, p <0,001). El grupo EFT experimentó una disminución significativa en el nivel de cortisol (-24.39%; SE, 2.62) en comparación con la disminución observada en los grupos SI (-14.25%; SE, 2.61) y NT (-14.44%; SE, 2.67) (p <0.03). La disminución en los niveles de cortisol en el grupo EFT reflejó la mejora observada en la angustia psicológica.

***Metaanálisis de la Acupuntura para el dolor** (2012)
Arch Intern Med. 2012 Oct 22;172(19):1444-53.
Doi: https://doi.org/10.1001/archinternmed.2012.3654
Artículo completo en inglés:
https://www.ncbi.nlm.nih.gov/pmc/articles/PMC3658605/

Los Institutos Nacionales de Salud (National Institute of Health) de Estados Unidos han realizado meta-análisis de diversos estudios acerca de la validez de la acupuntura como técnica médica. El meta-análisis compiló los datos de 18.000 pacientes. Los resultados se publicaron en una revista médica especializada, Archives of Internal Medicine. El objetivo del análisis era contrastar los resultados de la acupuntura con los tratamientos farmacológicos en el alivio del dolor crónico asociado a patologías como artrosis (osteoartritis), lumbalgias, ciáticas y una miscelánea de algias articulares, y migrañas. Los estudios que se han tenido en cuenta para el análisis retrospectivo (meta-análisis) se han realizado en diversos países: Estados Unidos, Reino Unido, Suecia y Alemania.

Los resultados obtenidos con la acupuntura en el tratamiento del dolor crónico superaban lo que se podría esperar de un efecto estrictamente placebo.

Conclusión

Encontramos que la acupuntura es superior tanto al control sin acupuntura como a la acupuntura simulada para el tratamiento del dolor crónico.
Aunque los datos indican que la acupuntura es más que un placebo, las diferencias entre la acupuntura verdadera y la simulación son relativamente modestas, lo que sugiere que los factores además de los efectos específicos de la punción contribuyen de manera importante a los efectos terapéuticos.

Nuestros resultados de metaanálisis de datos de pacientes individuales de casi 18,000 pacientes aleatorizados en ensayos de alta calidad proporcionan la evidencia más sólida hasta la fecha de que la acupuntura es una opción de referencia razonable para pacientes con dolor crónico.

*Fundamentos actuales de la terapia acupuntural.

Current basis of acupuncture therapy.
Rev. Soc. Esp. Dolor vol.19 no.6 Madrid nov./dic. 2012 E. Collazo Unidad de Acupuntura. Clínica del Dolor. Hospital Universitario Reina Sofía. Córdoba
Artículo completo en español:
http://scielo.isciii.es/scielo.php?script=sci_arttext&pid=S1134-80462012000600007

RESUMEN
La acupuntura es una de las modalidades terapéuticas últimamente más estudiadas y documentadas en el campo de la medicina y la veterinaria. El mecanismo de acción de la acupuntura ha resultado controvertido durante bastante tiempo por el intento de identificación de un proceso único. La estimulación con acupuntura de las fibras nerviosas periféricas envía impulsos a la médula espinal y activa varios centros en el cerebro, para liberar neurotransmisores que ejercen un efecto homeostático en todo el cuerpo. Modula la actividad neural en el diencéfalo, que ejerce influencia en las funciones autonómica, endocrina e inmune a través del eje hipotálamo-hipófisis-adrenal, regulando la liberación circadiana de ACTH, vasopresina y cortisol, conduciendo igualmente a la homeostasis.

Los estudios por imagen han mostrado que la estimulación por acupuntura activa estructuras de inhibición descendente del dolor, demostrando que la acupuntura asume una vía central en el control del dolor. Igualmente, la acupuntura actúa sobre el sistema límbico y la integración talámica. Los potenciales evocados corticales somatosensoriales han mostrado que los canales de acupuntura son pasajes bioeléctricos que permiten la transmisión de impulsos. Diversos mecanismos locales de acción explican algunos de los efectos de la acupuntura. Es preciso estudiar si el genotipo y la influencia de factores ambientales ejercen una influencia importante en predecir qué pacientes serán beneficiados por la terapia acupuntural.

Los resultados que se obtengan de la acupuntura dependen del punto de acupuntura seleccionado, del método de estímulo empleado (manual o electroacupuntura) y de la duración del estímulo. A través de la RMf y PET es posible observar que el estímulo de puntos de acupuntura genera cambios específicos en el sistema nervioso central, actuando a nivel espinal, troncoencefálico y diencefálico. La inserción de la aguja activa estructuras de inhibición descendente del dolor, demostrando que la acupuntura tiene, principalmente, una vía central en el control del dolor (2). Los estudios de imagen han mostrado que la estimulación por acupuntura afecta a diversas áreas del cerebro: ganglios basales, zona somatosensorial II, cerebelo, tálamo, hipotálamo, sistema límbico, ínsula y otras zonas (5-16).

Por RMf, que mide la activación del cerebro, se ha visto que ciertas partes del sistema límbico (las que controlan emoción, motivación, memoria) y algunas áreas de la corteza implicadas en el proceso cognoscitivo parecen tranquilizarse durante la aplicación de acupuntura (5-9,11,12,15). Estas áreas se activan cuando una persona se centra en la ejecución de una tarea, sugiriendo que la acupuntura podría influir en ciertos mecanismos implicados en el estado de reposo mental.

Esto es independiente del tipo de acupuntura o del lugar de colocación de las agujas.

En los años 80, del siglo pasado, se descubrió una red interna de túbulos (36), estudiados en profundidad años más tarde, diferenciándolos de los conductos linfáticos (37). Se considera que sirven para la comunicación en el sistema de defensa del organismo y para la comunicación celular a grandes distancias; podría relacionárseles directamente con los meridianos y puntos de acupuntura. Ello explicaría el hecho de que si se usa una décima parte de la dosis de xylacina en el punto Yintang en el perro se obtiene un efecto sedativo similar al uso de la dosis completa intramuscularmente. Estos nanotubos conducen en su interior gránulos y podrían ser las vías energéticas de las que habla la milenaria acupuntura (1).

Conclusiones

La acupuntura es una de las modalidades terapéuticas últimamente más estudiadas y documentadas. Miles de artículos de valor científico inundan la comunidad de acupuntores médicos y veterinarios, estando al alcance de aquellos que deseen abrir el abanico de posibilidades terapéuticas para sus pacientes.

La estimulación con acupuntura de las fibras nerviosas se produce en los músculos, fascias, tendones o tejido periarticular y óseo, enviando impulsos a la médula espinal y activando varios centros en el cerebro, para la liberación de neurotransmisores que ejercen un efecto homeostático en todo el cuerpo. Modula la actividad neural en el diencéfalo, que, a su vez, ejerce influencia en las funciones autonómica, endocrina e inmune a través del eje hipotálamo-hipófisisadrenal, regulando la liberación circadiana de ACTH, vasopresina y cortisol, conduciendo a la homeostasis.

El dolor está íntimamente relacionado con las expectativas. La acupuntura afecta a las estructuras relacionadas con el dolor mediante dos mecanismos, uno específico y otro inespecífico, que se corresponden con sus efectos clínicos específicos y con el efecto de las propias expectativas sobre el alivio del dolor, respectivamente (39). Un reciente estudio (40) ha mostrado algunas de las características de los pacientes que obtienen más beneficios al tratar su dolor crónico con acupuntura: mujeres, que viven en familia o acompañadas, en las que han fallado otros tratamientos y con experiencia previa positiva de tratamientos con acupuntura. Por la variabilidad interpersonal en la respuesta al dolor y en la analgesia por acupuntura, se plantea (41) que el genotipo de las personas, así como la influencia de factores ambientales, pueden ser de gran importancia en predecir qué pacientes serán beneficiados por esta modalidad analgésica, aunque está por descubrir un método que lo pronostique.

Se han expuesto una serie de hallazgos experimentales que nos acercan a una comprensión mayor de la acupuntura desde un enfoque efectivo. No obstante, el camino es aún muy largo y son necesarios nuevos conocimientos y métodos de estudio para poder seguir avanzando en esta línea de comprensión, pues quedan aún inexplicados muchos de los fundamentos de la medicina tradicional china, que son indispensables para mejorar la utilización práctica de la misma.

***Reducción de una sola sesión de la intensidad de los recuerdos traumáticos en adolescentes maltratados después de EFT: un estudio piloto controlado aleatorizado.**
Single-Session Reduction of the Intensity of Traumatic Memories in Abused Adolescents After EFT: A Randomized Controlled Pilot Study.
Dawson Church, Oscar Piña, Carla Reategui, y cols.
Doi: https://doi.org/10.1177%2F1534765611426788
https://journals.sagepub.com/doi/pdf/10.1177/1534765611426788
Texto completo en inglés:
https://www.safetylit.org/citations/ild_request_form.php?article_id=citjou
rnalarticle_439877_38

En este estudio, cuya población de dieciséis varones de 12-17 años de edad, fue reclutada a partir de jóvenes internados en una institución por orden judicial, debido a haber sido victimas de abusos físicos o psicológicos en su hogar, se dividieron aleatoriamente en dos grupos, y fueron evaluados utilizando las escalas subjective distress (SUD), e Impact of Events Scale (IES), que miden dos componentes del trastorno de estrés postraumático: recuerdos intrusivos y síntomas de evitación. El grupo experimental fue tratado con una sola sesión de EFT, la cual se ha encontrado eficaz en la reducción de estrés postraumático en adultos pero que hasta el momento no había sido objeto de evaluación en jóvenes. El grupo control permaneció con cuidados generales en lista de espera no recibiendo tratamiento. Treinta días más tarde, los participantes fueron evaluados nuevamente. En el grupo control, lista de espera no se encontró ninguna mejoría (media IES total pre = 32, DE ± 4.82; post = 31, DE ± 3,84).

Las puntuaciones post-test para todos los participantes del grupo experimental mejoraron hasta el punto de que todos los casos fueron clínicamente no significativos de acuerdo con la puntuación total, así como en las subescalas de síntomas intrusivos y de evitación, y SUD (media IES total pre = 36, DS ± 4.74; post = 3, DS ± 2,60,p< 0,001). Los resultados encontrados son consistentes con los hallados en adultos, y señalan la utilidad de realizar una sola sesión de EFT como una intervención rápida y eficaz para reducir el trauma psicológico en jóvenes.

***Programación Neurolingüística (PNL): una revisión sistemática de los efectos en los resultados de salud.**
Neurolinguistic programming: a systematic review of the effects on health outcomes.
Sturt J, Ali S, Robertson W, Metcalfe D, Grove A, Bourne C, Bridle C. Br J Gen Pract. 2012 Nov;62(604):e757-64.
Doi: https://doi.org/10.3399/bjgp12X658287
Artículo completo en inglés:
https://www.ncbi.nlm.nih.gov/pmc/articles/PMC3481516/

ANTECEDENTES: La programación neurolingüística (PNL) en la atención médica ha captado el interés de médicos, profesionales de la salud y gerentes.

OBJETIVO: Evaluar los efectos de la PNL en los resultados relacionados con la salud.

DISEÑO Y AJUSTE: Revisión sistemática de estudios experimentales.

MÉTODO: Se realizaron búsquedas en las siguientes fuentes de datos: MEDLINE, PsycINFO, ASSIA, AMED, CINAHL, Web of Knowledge, CENTRAL, bases de datos de especialistas de PNL, listas de referencias, artículos de revisión y asociaciones profesionales de PNL, proveedores de capacitación y grupos de investigación.

RESULTADOS: Las búsquedas revelaron 1459 títulos de los cuales se incluyeron 10 estudios experimentales. Cinco estudios fueron ensayos controlados aleatorios (RCT) y cinco fueron estudios pre y post. Las condiciones de salud específicas fueron trastornos de ansiedad, mantenimiento de peso, náuseas matutinas, abuso de sustancias y claustrofobia durante la exploración por resonancia magnética. Las intervenciones de PNL se realizaron principalmente en 4-20 sesiones, aunque tres fueron de una sola sesión. Se informaron 18 resultados y el tamaño de la muestra de RCT varió de 22 a 106.
Cuatro RCT no informaron diferencias significativas entre los grupos con el quinto hallazgo a favor del brazo de PNL (F = 8.114, P <0.001). Tres RCT y cinco estudios pre y post informaron mejoras dentro del grupo. El riesgo de sesgo en todos los estudios fue alto o incierto.

CONCLUSIÓN: Hay poca evidencia de que las intervenciones de PNL mejoren los resultados relacionados con la salud. Esta conclusión refleja la cantidad y calidad limitadas de la investigación de PNL, en lugar de evidencia sólida de ningún efecto. Actualmente no hay pruebas suficientes para respaldar la asignación de recursos del NHS a actividades de PNL fuera de los propósitos de investigación.

***Ensayo aleatorio de la Técnica de Acupresión de Tapas (TAT) para el mantenimiento de la pérdida de peso**.
Randomized trial of tapas acupressure technique for weight los maintenance. Charles R Elder, Christina M Gullion, Lynn L DeBar, Kristine L Funk, Nangel M Lindberg, Cheryl Ritenbaugh, Gayle Meltesen, Cherri Gallison, and Víctor J Stevens.. BMC Complement Altern Med. 2012; 12: 19.

Published online 2012 Mar 15.
Doi: https://doi.org/10.1186/1472-6882-12-19
Artículo completo en inglés:
https://www.ncbi.nlm.nih.gov/pmc/articles/PMC3375195/

Antecedentes: La obesidad es un problema urgente de salud pública, sin embargo, solo unos pocos ensayos clínicos han probado sistemáticamente la eficacia de las intervenciones de mantenimiento de pérdida de peso a largo plazo. Este ensayo clínico aleatorizado probó la eficacia de una técnica novedosa de mente y cuerpo para el mantenimiento de la pérdida de peso.

Métodos: Los participantes eran adultos obesos que habían completado un programa conductual de pérdida de peso de seis meses antes de la aleatorización.

Aquellos que perdieron peso con éxito fueron asignados al azar a una intervención experimental de mantenimiento para la pérdida de peso, la Técnica de Acupresión de Tapas (TAT®), o una intervención de control compuesta por reuniones de grupos de apoyo social (SS) dirigidas por facilitadores profesionales. TAT combina presión ligera autoaplicada a puntos de acupresión específicos acompañados de una secuencia prescrita de pasos mentales. Los participantes en ambas condiciones de mantenimiento asistieron a ocho sesiones grupales durante seis meses de intervención de mantenimiento de pérdida de peso activa, seguidas de 6 meses adicionales sin intervención. La medida de resultado principal fue el cambio de peso desde el comienzo de la intervención de mantenimiento de pérdida de peso hasta 12 meses después. Los resultados secundarios fueron cambios en la depresión, el estrés, el insomnio y la calidad de vida. Utilizamos el análisis de covarianza como método de análisis primario. Los valores perdidos fueron reemplazados usando imputación múltiple.

Resultados: Entre 285 participantes asignados al azar, el 79% eran mujeres, la edad media fue de 56 (desviación estándar (sd) = 11), el IMC promedio en la aleatorización fue de 34 (sd = 5) y la pérdida de peso inicial promedio fue de 9.8 kg (sd = 5). En el modelo de resultado primario, no hubo diferencias significativas en la recuperación de peso entre los dos brazos (recuperación de peso de 1.72 kg (se 0.85) para TAT y recuperación de peso de 2.96 kg (se 0.96) para SS, p <0.097) Pruebas de entre brazos las diferencias para los resultados secundarios tampoco fueron significativas. Un análisis secundario mostró una interacción significativa entre el tratamiento y la pérdida de peso inicial (p <.036), con pruebas exploratorias post hoc que mostraron que una mayor pérdida de peso inicial se asoció con una mayor recuperación de peso para SS pero menos recuperación de peso para TAT.

Conclusiones: El análisis primario no mostró diferencias significativas en la recuperación de peso entre TAT y SS, mientras que los análisis secundarios y post hoc indican la dirección para futuras investigaciones.

***(Sobre PER-K, que es la versión de PSYCH-K para los negocios)**
La neurociencia revela el estado del cerebro completo y sus aplicaciones para los negocios internacionales y el éxito sostenible.
Neuroscience Reveals the Whole-Brain State and Its Applications for International Business and Sustainable Success.
Jeffrey L. Fannin, Ph.D.a and Robert M. Williams, M.A. The International Journal of Management and Business, Vol. 3 Issue 1, August 2012
https://www.semanticscholar.org/paper/The-Whole-Brain-State-and-its-Applications-for-and-Fannin-Williams/422f99b71d9bb7ed8b9c66c23d79655a36230db6?p2df
Artículo completo en inglés:
https://pdfs.semanticscholar.org/71c3/97e095e9d44c7ff85ba0f8db0da34f8fbf09.pdf

Abstract

A primera vista, la neurociencia y los negocios pueden parecer una extraña yuxtaposición. Sin embargo, la neurociencia de la conciencia proporciona cierta comprensión de la interrelación de los patrones de creencias subconscientes que impulsan comportamiento y afectar las decisiones óptimas de los líderes empresariales, así como el rendimiento general en los negocios. Nuestra Los pensamientos y creencias, es decir, nuestra mentalidad, impulsan nuestras acciones y crean los resultados que estamos obteniendo. Este papel presenta investigaciones que vinculan claramente la interfaz mente / cerebro, presentando evidencia empírica de lo que los autores identificarse como el estado de todo el cerebro (un patrón de ondas cerebrales simétricas y bilaterales) y por qué es fundamental lograr un éxito sostenible y las implicaciones que tiene en los negocios internacionales. Este documento ofrecerá ideas en uno de los temas más importantes abordados en este escrito; es decir, la desalineación de los principios de negocios con los Principios de la Naturaleza, que resultan en consecuencias potencialmente catastróficas para la economía, la ecología, individuos, empresas y el planeta [1]. Esta investigación también identifica y explora el proceso de Cambiando las creencias subconscientes.

Resumen

Los patrones de creencias subconscientes circunscriben nuestra percepción e impulsan nuestros comportamientos. Ahora sabemos cómo la percepción cambiante en el nivel subconsciente de la mente puede transformar un patrón de creencia subconsciente. Promover, adicional, Esta transformación en la energía de las ondas cerebrales ahora puede representarse en forma de cerebro completo. Continuar la investigación en esta área ayudará a reconocer y adoptar aplicaciones que serán beneficiosas con implicaciones para los negocios internacionales, académicos, salud personal, desempeño profesional y prácticamente Cada área de la vida humana.

Aplicaciones prácticas de patrones de creencias subconscientes cambiantes, utilizando PER-K® los procesos de cambio de creencias han existido por más de dos décadas; hoy podemos medirlos y gráficamente demostrar su eficacia, prestando a una mayor comprensión y utilización de este importante aspecto del ser humano existencia.

Alinear los principios de los negocios con los Principios de Naturaleza, con el fin de lograr sostenible éxito, y efectuar patrones de pensamiento significativos y cambios de comportamiento en individuos que toman decisiones que determinar el destino de nuestro mundo, son fundamentales para crear un futuro sostenible para nosotros y para que las generaciones ven. Estos principios, cuando se antropomorfizan de la naturaleza, son aplicables en los negocios y pueden ser internalizado en el nivel subconsciente de la mente, utilizando procesos de cambio de creencias PER-K®.

Al comprender mejor los mecanismos de cambio de creencias subconscientes, es muy posible que podamos mejorar o incluso evitar la vorágine económica, ecológica y cultural que de otro modo sería probable ahora y en el futuro. Nuestras creencias subconscientes pueden ser el factor más importante que contribuye a la crisis ética que enfrentamos a escala mundial.

***APA actualiza su posición sobre psicología energética.**
Apa Uodates Its Position on Energy Psychology.
David Feinstein.
https://www.semanticscholar.org/paper/Apa-Updates-Its-Position-on-Energy-Psychology-Feinstein/2c61ec75e649f0422fb811eae815c66f72c293ee
Texto completo en inglés:
https://pdfs.semanticscholar.org/2c61/ec75e649f0422fb811eae815c66f72c293ee.pdf

Resumen
En julio de 2012, ACEP presentó otra solicitud y se le informó discretamente cuatro meses más tarde, esta solicitud había sido aprobada. ACEP ahora puede ofrecer cursos de psicología energética.

¿Por qué la reversión? En una palabra, evidencia. Si bien la APA sin duda no se perdió la pasión en las condenas del demandante, su Comité CE no fue persuadido por el apoyo empírico presentado por la ACEP en sus solicitudes anteriores. En los cuatro años transcurridos entre los últimos solicitud y la que fue aceptada recientemente, 39 de 39 estudios o informes publicados en revistas revisadas por pares que investigan EFT o Thought Field Therapy (TFT) encontraron resultados clínicos positivos resultados (Feinstein, 2012). La misma búsqueda de literatura produjo un total de 51 artículos revisados por pares, pero sólo 12 de ellos habían aparecido en revistas revisadas por pares antes de la anterior ACEP solicitud en agosto de 2008.

Estos hallazgos, corroborados por la decisión de la APA, agregan el tapping de los puntos de acupuntura a la meditación de atención plena (Shapiro, Carlson, Astin y Freedman, 2006) y estimulación bilateral (Benish, Imel y Wampold, 2008) como tratamientos no convencionales basados en evidencia, cuyos mecanismos de acción son menos que claros pero cuya eficacia parece digna de atención por parte de médicos en ejercicio.

*¿Qué tiene que ver la ENERGÍA con la Psicología Energética?

What Does ENERGY Have to Do With Energy psychology?
David Feinstein.
https://www.academia.edu/14188302/What_Does_ENERGY_Have_to_Do_With_Energy_Psychology
Texto completo en inglés:
https://d1wqtxts1xzle7.cloudfront.net/38228881/What_Does_Energy_Have_to_Do_with_Energy_Psychology.pdf?1437314810=&response-content-disposition=attachment%3B+filename%3DWhat_Does_ENERGY_Have_to_Do_With_Energy.pdf&Expires=1597621199&Signature=XqrhsVvm6T~gSjDjZOqxhUEQn8M8SKy75Tyh3kfr0LfQvulKM7Ou4Wx0jMnD~ZkGXXGRz-~dreKkSJLJYQ-vvwkvwaQxxKS4geYEb5LFCxGbR9M5mA4mt5KKxFjHSoOOgZadDxLG3z7j92HgpfTwRjC6sm2xH1SDsaJFpL1sV8JMeUwDSq~~NQVgswFnh03ygz0jL1mYxVTfj575u1HofWz4I3TwPql~nv1VVppdxxqV~YFoeRbguc2mpfh~LIX5GUQBByNaxqdrdTYi98BMs~vvyuiFIjP~lAIX-SbTK-q6HFO~IMf6YAqTvSFBQaF-eHwvP~CFQGWIBTEYWIu~Eg__&Key-Pair-Id=APKAJLOHF5GGSLRBV4ZA

Resumen

Un obstáculo para la aceptación profesional del creciente cuerpo de investigación que respalda la eficacia de la psicología energética es el uso vago del término energía en el nombre del campo y los marcos explicativos. Este artículo explora si el concepto de "energía" es necesario para dar cuenta de los resultados clínicos observados que siguen a los tratamientos de "psicología energética". Se presenta evidencia de que el cambio de 3 tipos de energía (señales electromagnéticas, ondas cerebrales y campos de energía) les da a los protocolos de psicología energética su ventaja para cambiar rápidamente patrones de larga data en el cerebro. Las señales electromagnéticas que reducen la activación de amenazas en la amígdala siguen la estimulación de puntos de acupuntura seleccionados (puntos de acupuntura).

La estimulación del punto de acupuntura también produce ondas delta que se cree que depotencian las vías neurales que mantienen el miedo a la mala adaptación. Mientras tanto, los campos de energía que organizan la actividad neuronal proporcionan una posible solución a un dilema de la neurociencia. Los modelos neurológicos convencionales no pueden explicar cómo se coordinan las diversas actividades cerebrales que participan en el procesamiento de la información. Así como se ha demostrado que los campos electromagnéticos organizan la actividad celular en la curación de heridas, se cree que los campos de energía organizan los procesos neurológicos. La rápida resolución de los recuerdos intrusivos y sin procesar que se ven en los tratamientos de psicología energética se atribuye, en parte, a la forma en que la estimulación del punto de acupuntura puede afectar directamente estos "campos organizativos".

Un modelo de trabajo que intenta explicar los resultados del tratamiento de la psicología energética contiene 3 premisas acerca de las energías electromagnéticas y más "sutiles" en la psicoterapia: (a) la energía es una dimensión omnipresente del cuerpo y la mente que puede ser influenciada para impactar a cada una de las formas deseadas, (b) la energía transporta información, y (c) las intervenciones clínicas pueden aprovechar las formas en que los campos de energía, a través de la resonancia, influyen en otros campos de energía, así como en la actividad neuronal. Palabras clave: puntos de acupuntura, reconsolidación, energía, campos, resonancia.

***Intervenciones médicas orientales para trastorno de estrés postraumático: un modelo de medicina oriental para la salud mental ante desastres.**
Oriental medical interventions for posttraumatic stress disorder: A model of Oriental Medicine for disaster mental health.
Kwon, Y-J., & Cho, S-H. (2011).
Journal of Oriental Neuropsychiatry, 22(4), 77-86.
http://www.koreascience.or.kr/article/JAKO201110348681115.page
Artículo completo en coreano:
http://society.kisti.re.kr/sv/SV_svpsbs03V.do?method=download&cn1=JAKO20111034
8681115

Objetivos: Las tasas de asalto, así como los desastres naturales y humanos están aumentando.
Sin embargo, en Corea, la investigación sobre el tratamiento del TEPT de la Medicina Oriental se ha limitado a sobrevivientes de accidentes automovilísticos. Nuestro objetivo es desarrollar un modelo para aplicación de intervenciones de Medicina Oriental basadas en evidencia para el TEPT a un amplio espectro de desastres traumáticos.

Métodos: se realizó una búsqueda en línea para la investigación coreana en Medicina Oriental revistas. Los estudios internacionales se obtuvieron de Pubmed y del Departamento de los Veteranos de EE. UU. Se clasificaron los estudios en ensayos controlados aleatorios (ECA) y no ECA, y luego los analizó por el tiempo transcurrido desde la exposición traumática a tratamiento.

Resultados: confirmamos que la acupuntura, la terapia cognitiva conductual (TCC) y La relajación muscular progresiva (PMR) fue efectiva en las etapas agudas inmediatamente después de un evento traumático. Además, determinamos que la desensibilización del movimiento ocular y reprocesamiento (EMDR), técnicas de libertad emocional (EFT) y relajación La terapia fue eficaz en las etapas crónicas. Sobre la base de estos hallazgos, proponemos Un modelo de medicina oriental para la salud mental ante desastres.

Conclusiones: un análisis de la investigación en medicina oriental muestra que lo anterior Las intervenciones basadas en la evidencia son eficaces para las diferentes etapas del tratamiento del TEPT. La medicina oriental es una intervención apropiada de salud mental en desastres.

*2011, Continuidad y cambio: la terapia Gestalt ahora. La X Conferencia Bienal de la Asociación para el Avance de la Terapia Gestalt.

2011, Continuity and Change: Gestalt Therapy Now. The 10th Biennial Conference of the Association for the Advancement of Gestalt Therapy.

Philip Brownell.

Abstract:

https://www.academia.edu/40055521/Continuity_and_Change_Gestalt_Therapy_Now_The_10th_Biennial_Conference_of_the_Association_for_the_Advancement_of_Gestalt_Therapy?auto=download&email_work_card=download-paper

Texto completo en inglés:

https://d1wqtxts1xzle7.cloudfront.net/60255932/Continuity_and_Change_-_Maintextb20190810-28681-1rikr5s.docx?1565471982=&response-content-disposition=attachment%3B+filename%3DContinuity_and_Change_Gestalt_Therapy_No.docx&Expires=1597611941&Signature=MVFbuhuUFQ-8NtF9Yc5KkM~3C7pcqC2nd1blV~o3jfgw6H~AujSwXUSIDDpxkPMg7H6r39llbLIsmPkbMN9Clc4aJVk5cmMt~48HEPBu6k3X-xd5BliknonU7FGV0bqNOo9sLXVK2hz8BqHc4SfDhBRhM1ilAKWqD24QOQr5E66G2JjaqcjVmkNmPGXDg4cl-ftAlld11tlmGJNx8fB3-~-Y2FLMzs6dnyNI~ulqyv1qiav8CZXtxbBAvRl2Fc6N0VNvNK9s2Wn7G7TBHhjDq8oTR0lL7s8Fu6DbxJZkVxCFBjivVPsxo58cBk~mNnlSd1k2DgdDfb3MCYmdJsQ4Ew__&Key-Pair-Id=APKAJLOHF5GGSLRBV4ZA

Resumen

Esta es una colección de artículos presentados en la 10ª Conferencia Bienal de la Asociación para el Avance de la Terapia Gestalt (AAGT). También contiene información descriptiva sobre la AAGT. Este volumen, publicado en 2011, constituye una imagen de la organización y de la Terapia Gestalt en un punto particular de la evolución de cada una.

*Psicología Energética ¿El futuro de la Terapia?

Energy Psychology: The Future of Therapy?

John Freedom.

Artículo completo en inglés:

https://www.researchgate.net/publication/236170434_Energy_Psychology_The_Future_of_Therapy

La investigación sobre psicología energética está todavía en su infancia, aunque la evidencia continúa acumulándose para el efecto y eficacia de estas técnicas. En el campo, las modalidades de PE siguen creciendo y evolucionando nuevos protocolos para curar traumas y liberar el potencial humano se desarrolla cada año.

Pero ya sea terrible o prodigio, la Psicología Energética está creciendo y ya está cambiando la conversación, cambiando cómo la psicoterapia está siendo practicado y ampliando los límites de lo que pensamos es posible.

La psicología energética es un campo en rápido crecimiento con mucho para contribuir a la alternativa complementaria medicina, medicina energética, ciencias noéticas, educación, medicina y enfermería, así como psicoterapias rápidas. Mucha información y muchos recursos sobre EP se puede encontrar en Internet.

Las organizaciones incluyen ACEP, www.energypsych.org; ATFT, la Asociación para la Terapia de Campo del Pensamiento, www.atft.org ; AAMET, la Asociación para la Advancement of Meridian Energy Therapies, www. aamet.org: y AMT, la Asociación de Meridian Terapias energéticas, www.theAMT.com. EP tiene su propia revista, Energy Psychology Journal, editado por Dawson Church (www.energypsychologyjournal.org); ver también la Revista Internacional de Healing and Caring (www.wholistichealingresearch.com / ijhchome).

***Ensayo aleatorizado de Técnica de Acupresión de Tapas (TAT) para el mantenimiento de la pérdida de peso: justificación y diseño del estudio.**
Randomized Trial of Tapas Acupressure Technique® for Weight Loss Maintenance: Rationale and Study Design.
J Altern Complement Med. 2010 Jun; 16(6): 683–690.
Doi: https://doi.org/10.1089/acm.2009.0454
Artículo completo en inglés:
https://www.ncbi.nlm.nih.gov/pmc/articles/PMC2922972/

Objetivos: El objetivo de este artículo es presentar los fundamentos, el diseño del estudio y los métodos de un ensayo controlado aleatorio en curso que evalúa la eficacia de una intervención de psicología energética, Tapas Acupressure Technique® (TAT®), para prevenir la recuperación de peso después de una pérdida de peso exitosa.

Diseño: Este es un ensayo controlado aleatorio.

Configuraciones / ubicación: El estudio se está llevando a cabo en una organización de mantenimiento de salud (HMO) de modelo grupal grande.

Asignaturas: Los sujetos de estudio son miembros adultos de una HMO.

Intervenciones: TAT se compara con una intervención de comparación de apoyo social autodirigida.

Medidas de resultado: La medida de resultado primaria es el mantenimiento de la pérdida de peso a los 6 y 12 meses después de la aleatorización.

Conclusiones: Este ensayo controlado aleatorio evaluará la eficacia de una intervención de psicología energética, TAT, comparándola con una intervención de grupo de apoyo social autodirigido. Este es, hasta donde sabemos, el estudio controlado aleatorio más grande hasta la fecha de una intervención de psicología energética. Los resultados positivos apoyarían el uso de TAT como una herramienta para evitar la recuperación de peso después de una pérdida de peso exitosa.

***Citando al «Minimanual de EFT»,** publicado en 2010: «EFT recurre a principios desarrollados por muchos de los gigantes de la psicología del último siglo. El científico Ruso Pavlov demostró primero la respuesta condicionada en perros, y el famoso psicólogo Americano B. F. Skinner desglosó el condicionamiento en paquetes más pequeños (llamados aspectos en EFT). Un influyente psiquiatra Sud-Africano, Joseph Wolpe, desarrolló la escala del estrés justo después de la Segunda Guerra Mundial, la cual es utilizada ahora en EFT.

El psicólogo Aaron Beck descubrió que reemplazar las creencias disfuncionales (cogniciones) podía ayudar a la gente a sanar de una variedad de problemas psicológicos. Y en muchos estudios se ha demostrado que la terapia de exposición (en EFT, recordando el problema) ha sido efectiva. La otra rama de experiencia en la cual se basa EFT es la medicina Oriental, en la forma de los puntos de acupuntura. La Acupuntura ha demostrado su efectividad para EPT y problemas psicológicos. Estudios han mostrado que la presión en puntos de acupuntura puede ser tan efectiva como insertar una aguja, y los científicos también han demostrado que los verdaderos puntos de acupresión son más efectivos que insertar agujas en los puntos que no son de acupresión. Así que algunas veces el EFT es llamado "acupuntura sin agujas," aunque tiene tanta base histórica en la ciencia de la psicología Occidental como en la medicina Oriental.

Las dos ramas fueron unidas alrededor de 1970 cuando el psicólogo americano Roger Callahan, descubrió que sus pacientes se podían curar de las fobias en una sola sesión. Hasta hoy en día, las fobias son una de las condiciones

más sencillas de tratar con EFT. El sistema de Callahan fue simplificado por un ingeniero graduado de Stanford, Gary Craig, y se extendió y ganó popularidad.

EFT ha sido validado como un enfoque médico basada en evidencia en muchos estudios, incluyendo pruebas al azar controladas para medir EPT, dolor, depresión, ansiedad, y antojos. EFT es parte de un grupo de terapias llamadas psicología energética, ya que se cree que afectan los campos electromagnéticos del cuerpo.

Fuente:
https://evidencebasedeft.com/wp-content/uploads/2017/02/EFTMiniManual.pdf

*¿Es Brain Gym una intervención educativa efectiva?

Is Brain Gym an Effective Educational Intervention?

Lucinda S. Spaulding. Mark P. Mostert. Andrea Beam.

https://digitalcommons.liberty.edu/educ_fac_pubs/148/?utm_source=digitalcommons.liberty.edu%2Feduc_fac_pubs%2F148&utm_medium=PDF&ut

Artículo completo en inglés:

https://digitalcommons.liberty.edu/cgi/viewcontent.cgi?article=1167&context=educ_fac_pubs

Abstract

Brain Gym (BG) (BGI, 2008) es un popular programa comercial vendido por Brain Gym Internacional (BGI). Hacer afirmaciones extravagantes para mejorar desarrollo intelectual y físico, se utiliza en más de 80 países. Si bien las afirmaciones de BGI son persuasivas, hasta la fecha hay poca evidencia empírica que valide el enfoque. Examinamos algunos supuestos teóricos a partir del cual se desarrolló BGI, revise la literatura de eficacia y proporcione sugerencias para tomar decisiones informadas sobre la juiciosidad de invertir tiempo y recursos en este programa.

Primero, BGI se fundó sobre supuestos teóricos invalidados por mucho tiempo, y segundo, no hay Estudios empíricos de alta calidad que validan sus afirmaciones.

Conclusión
Ciertamente, existe un gran potencial para mejorar la instrucción de los maestros y el aprendizaje de los estudiantes a través de una mejor comprensión científica de cómo funciona el cerebro (Ansari, 2008; Goswami, 2006) y cómo una sociedad rica en tecnología puede estar cambiando la forma en que se desarrolla el cerebro (Wolfe & Brandt, 1998).

Sin embargo, los programas que parecen estar basados en principios de la ciencia del cerebro, particularmente BGI, no se le debe dar un pase gratuito basado únicamente en afirmaciones de estar "basado en el cerebro" pero, en cambio, debe estar sujeto al mismo estándar de empirismo y escrutinio que otras investigaciones educativas.

La evidencia empírica es crucial en al menos dos aspectos: primero, empíricamente la mejor práctica asegurará que los recursos educativos limitados no se desvíen a prácticas que carecen de apoyo empírico, y segundo, para asegurar que los estudiantes solo estén expuestos a prácticas educativas que están en su mejor interés (Horner et al., 2005). En este sentido, BGI falla en todos los aspectos.

Primero, BGI se fundó sobre supuestos teóricos invalidados por mucho tiempo, y segundo, no hay Estudios empíricos de alta calidad que validan sus afirmaciones.

Dada esta era de responsabilidad y el énfasis legal en la práctica basada en evidencia, existe Actualmente hay muchos programas e intervenciones que se han demostrado a través de alta calidad estudios para mejorar los resultados de los estudiantes. Parece imprudente, por lo tanto, que los consumidores inviertan ¿Es Brain Gym una intervención efectiva? 17 esperanza, tiempo y recursos en programas (es decir, BGI) que no han sido validados a través de Calidad, estudios empíricos.

Creemos que es imprescindible para los educadores "leer y analizar críticamente la investigación en para separar el trigo de la paja" (Wolfe y Brandt, 1998, p. 10). El problema, sin embargo, es que tanto los padres como los educadores a menudo carecen de capacidad discriminatoria: "la capacidad de saber y comprender qué funciona de manera efectiva, qué no funciona de manera efectiva y la capacidad de diga la diferencia" (Mostert, 1999-2000, p. 119). Junto con el desafío de volverse crítico consumidores, los programas de preparación docente deberían volver a examinar cómo equipan a los docentes en servicio examinar críticamente literatura de educación especial y, de manera similar, los padres y las comunidades necesitan información mucho más precisa para evitar promesas de dinero que son completamente insostenibles.

Si no logramos estos objetivos elementales pero importantes, bien podemos, como campo, continuar perpetuando la ineficacia como mejor práctica, un tema planteado por Ravitch (1998), quien describió una emergencia médica personal que la despertó pensando en cómo su equipo médico diagnosticado y tratado su condición. Luego aplicó lo que había observado cómo un equipo de educadores podría haber respondido en circunstancias similares: *Miré apreciativamente a los médicos alrededor de mi cama, agradecida de estar rodeada por hombres y mujeres que tienen un vocabulario común, un cuerpo de conocimiento común, un conjunto de criterios compartidos y estándares claros para reconocer y tratar enfermedades. Ellos tienen acceso a pruebas confiables que les indican cuál es el problema y acuerdan tratamientos que han sido validados durante un largo período de tiempo.* (pág. 34)

Se han hecho grandes esfuerzos en educación especial para determinar si las prácticas educativas son basado en evidencia (por ejemplo, Baker et al., 2009; Chard, Ketterlin-Geller, Baker, Doabler, & Apichatabutra, 2009; Ehri, Nunes, Stahl y Willows, 2001; Lane, Kalberg y Shepcaro, 2009; ¿Brain Gym es una intervención efectiva? 18 años Montague y Dietz, 2009). Sin embargo, cuando se cumplen los estándares establecidos para evaluar altas investigación de calidad (es decir, Gersten et al., 2005; Horner et al., 2005), aquellas intervenciones que fallan la prueba no deben comercializarse o implementarse hasta que se establezcan respuestas más precisas, si posible.

Si no estamos dispuestos a someter a niños y adultos a tratamientos médicos experimentales que no han sido validados a través de una investigación empírica de alta calidad durante un largo período de tiempo, no veo ninguna razón para estar más dispuesto a someter a los estudiantes en nuestras escuelas y aulas (donde pasan una cantidad significativa de sus años formativos) a intervenciones educativas que permanecen igualmente no probado y no validado.

*Retiro oficial de Gary Craig (junio 2010)

En su carta de retiro, Craig (creador de EFT) señala, entre otras ideas: «Primero, uno de los errores de los entrenamientos que he realizado con EFT es el de animar a las personas a que realicen innovaciones. Las personas han mezclado EFT con otros métodos. Esto tiene la ventaja de proveer libertad de expresión, pero también ha resultado en millones de diferentes versiones de EFT (algunos creativos y otros métodos que no tratan los aspectos, el ser específico y el de no realizar los testeos adecuados). Esto ha ocacionado muchas pesadillas y confundido a los principiantes de EFT.

Con respecto a esto, la forma de encarar EFT es la de aprender el EFT original y luego probar otras versiones si usted considera necesario».

Fuente: https://autoayuda-eft.com/boletin-eft-febrero-2011.htm

*La acupuntura, el sistema límbico y las redes anticorrelacionadas del cerebro.

Acupuncture, the Limbic System, and the Anticorrelated Networks of the Brain.

Kathleen K.S. Hui, Ovidiu Marina, Jing Liu,Bruce R. Rosen, and Kenneth K. Kwon

Published online 2010 May 21. Abstract:

Doi: https://doi.org/10.1016/j.autneu.2010.03.022

Artículo completo en inglés:

https://www.ncbi.nlm.nih.gov/pmc/articles/PMC3754836/

Abstract

El estudio del mecanismo de acción de la acupuntura fue revolucionado por el uso de imágenes de resonancia magnética funcional (fMRI). Durante la última década, nuestros estudios de fMRI de sujetos sanos han contribuido sustancialmente a dilucidar el efecto central de la acupuntura en el cerebro humano. Estos estudios han demostrado que la estimulación de acupuntura, cuando se asocia con sensaciones que comprenden deqi, evoca la desactivación de una red límbico-paralímbico-neocortical, que abarca el sistema límbico, así como la activación de regiones cerebrales somatosensoriales. Estas redes coinciden estrechamente con la red de modo predeterminado y la red de tareas positivas anti-correlacionadas descritas en la literatura. También hemos demostrado que el efecto de la acupuntura en el cerebro está integrado en múltiples niveles, hasta el tronco encefálico y el cerebelo. Nuestros estudios apoyan la hipótesis de que el efecto de la acupuntura en el cerebro va más allá del efecto de la atención en la red de modo predeterminado o la estimulación somatosensorial de la punción de acupuntura. La amígdala y el hipotálamo, en particular, muestran una disminución de la activación durante la estimulación de la acupuntura que no se asocia comúnmente con la actividad de red en modo predeterminado. Al mismo tiempo, nuestra investigación muestra que la estimulación de acupuntura debe hacerse con cuidado, limitando la estimulación cuando las sensaciones resultantes son muy fuertes o cuando se produce un dolor agudo. Cuando la acupuntura indujo un dolor agudo, nuestros estudios muestran que la desactivación fue atenuada o invertida en la dirección.

Nuestros resultados sugieren que la acupuntura moviliza las redes funcionalmente anticorrelacionadas del cerebro para mediar sus acciones, y que el efecto depende de la respuesta psicofísica. En este trabajo también discutimos múltiples vías de investigación futura, incluyendo el papel de los neurotransmisores, el efecto de diferentes técnicas de acupuntura y la posible aplicación clínica de los resultados de nuestra investigación a estados de enfermedad que incluyen dolor crónico, depresión mayor, esquizofrenia, autismo y Alzheimer. enfermedad.

2009

***Nace la revista profesional 'Energy Psychology Journal'.**

La revista profesional *Energy Psychology Journal* publica las últimas investigaciones en psicología energética, informes clínicos, artículos de revisión de vanguardia, observaciones de campo, reseñas de libros e investigaciones relevantes de otras fuentes.

A continuación, puede leer resúmenes y artículos seleccionados de Energy Psychology Journal, desde el 2009 a la fecha:
https://energypsychologyjournal.org/abstracts/

***Una revisión de las afirmaciones de eficacia en psicología energética.**
A review of efficacy claims in energy psychology. Psychotherapy: Theory, Research, Practice, Training.
McCaslin DL (June 2009). "A review of efficacy claims in energy psychology". Psychotherapy (Chicago). 46 (2): 249–56. PMID 22122622.
Doi: https://doi.org/10.1037/a0016025
https://psycnet.apa.org/record/2009-08897-010

En un artículo reciente en esta revista, Feinstein (véase el registro 2008-07317-008) citó evidencia de que él afirmó que muestra la eficacia de la técnica de liberación emocional y la técnica de acupresión de Tapas, 2 terapias de psicología energética. La investigación adicional sobre estas afirmaciones revela serias fallas en la metodología de la investigación citada por Feinstein. Los pequeños éxitos observados en estas terapias son potencialmente atribuibles a técnicas cognitivas y conductuales bien conocidas que se incluyen con la manipulación de la energía. Los psicólogos e investigadores deben ser cautelosos al usar tales técnicas y hacer esfuerzos para informar al público sobre los efectos nocivos de las terapias que anuncian afirmaciones milagrosas. (Registro de base de datos PsycINFO (c) 2016 APA, todos los derechos reservados)

*Beneficios clínicos de las técnicas de liberación emocional (EFT) en los antojos de alimentos a los 12 meses de seguimiento. Un ensayo controlado aleatorio.

Clinical benefits of Emotional Freedom Techniques on food cravings at 12-months follow-up: A randomized controlled trial.
Peta Stapleton, Bond University, Australia. Teri Sheldon, The Lakeside Rooms, Australia. Brett Porter, The Lakeside Rooms, Australia
Doi: https://doi.org/10.9769/EPJ.2012.4.1.PS.TS.BP
Artículo completo en inglés:
https://research-repository.griffith.edu.au/bitstream/handle/10072/49453/81989_1.pdf?sequence=1&isAllowed=y

En un estudio con un diseño cruzado, aleatorizado y ciego, para evaluar si los participantes, usando EFT Tapping, lograban mantener reducido el anhelo por los alimentos a los 12 meses tras el comienzo del estudio, y también poder actualizar los hallazgos realizados previamente, con 6 meses de seguimiento.

Para ello, 96 adultos con sobrepeso, u obesos, fueron asignados a un grupo de 4 semanas de tratamiento con EFT, o a una lista de espera, como grupo control. El nivel de ansiedad por la comida, el poder percibido de los alimentos, la capacidad de control, y los síntomas psicológicos fueron evaluados antes, después y a los 12 meses de seguimiento en cada grupo.

Mejoras significativas se produjeron en peso, índice de masa corporal, antojos por alimentos, el poder subjetivo de los alimentos, restricción del anhelo, y diversos aspectos emocionales de los participantes del grupo de EFT a los 12 meses respecto de la evaluación inicial(p<0,05). Este trabajo parece demostrar que la EFT puede facilitar que sus practicantes mantengan los antojos reducidos en el tiempo y afecta favorablemente el peso y el Índice de Masa Corporal en sujetos con sobrepeso y obesos.

***Terapia de campo de pensamiento (TFT) y cambios QEEG en el tratamiento del trauma: un estudio de caso.**
Thought field therapy and QEEG changes in the treatment of trauma: A case study.
Diepold Jr., John H.,Goldstein, David M.
Traumatology, Vol 15(1), Mar 2009, 85-93.
Doi: https://doi.org/10.1177%2F1534765608325304
Artículo completo en inglés:
https://pdfs.semanticscholar.org/45e4/1c7b169cb221a0d6d5ac34db8d8d31c3b690.pdf

Como se identifica por electroencefalografía cuantitativa, se observaron patrones de ondas cerebrales estadísticamente anormales cuando una persona pensaba en un trauma en comparación con pensar en un evento neutral (basal).

La reevaluación de los patrones de ondas cerebrales (a la memoria traumática) inmediatamente después del diagnóstico y el tratamiento de la terapia de campo de pensamiento reveló que el patrón anormal anterior estaba alterado y ya no era estadísticamente anormal. Un seguimiento de 18 meses indicó que el paciente seguía libre de todo trastorno emocional relacionado con el trauma tratado. Este estudio de caso respalda el concepto de que las emociones negativas basadas en el trauma tienen un efecto energético anormal correlacionado y medible.

Además, este estudio identificó objetivamente un cambio energético inmediato después de la terapia del campo de pensamiento en la dirección de la normalidad y la salud, que ha persistido.

Resumen

QEEG demostró confiabilidad como prueba-prueba medida. Los patrones QEEG al pensar en el trauma antes del diagnóstico TFT y el tratamiento fueron diferente en comparación con los patrones QEEG cuando se piensa en el trauma después del tratamiento con TFT.

Según lo identificado por QEEG, cerebro estadísticamente anormal se observaron patrones de onda cuando esta mujer pensó en un trauma en comparación con pensar en un evento neutral (línea de base). Revaloración de patrones de ondas cerebrales (a la memoria traumática) inmediatamente después del diagnóstico y tratamiento de TFT reveló que el patrón anormal anterior era alterado y ya no era estadísticamente anormal. Un seguimiento de 18 meses indicó que el paciente seguía libre de todo trastorno emocional relacionado con el traumatismo tratado Este estudio de caso apoya el concepto de que las emociones negativas basadas en el trauma tienen un energético anormal correlacionado y medible efecto medido por la actividad de las ondas cerebrales.

Además, este estudio identificó objetivamente un inmediato cambio energético después de TFT en la dirección de la normalidad y la salud, que ha persistido.

***Las características más destacadas de los efectos centrales de la punción de acupuntura: modulación de la red límbico-paralímbiconeocortical.**
The salient characteristics of the central effects of acupuncture needling: limbic-paralimbic-neocortical network modulation.
Fang J1, Jin Z, Wang Y, Li K, Kong J, Nixon EE, Zeng Y, Ren Y, Tong H, Wang Y, Wang P, Hui KK.
Hum Brain Mapp. 2009 Apr;30(4):1196-206.
Doi: https://doi.org/10.1002/hbm.20583
https://www.ncbi.nlm.nih.gov/pubmed/18571795
Texto completo en inglés:
https://onlinelibrary.wiley.com/doi/full/10.1002/hbm.20583

Los estudios en humanos y animales sugieren que la acupuntura produce muchos efectos beneficiosos a través del sistema nervioso central. Sin embargo, los sustratos neurales de las acciones de acupuntura no están completamente claros hasta la fecha. Los estudios de fMRI en Hegu (LI4) y Zusanli (ST36) indicaron que el sistema límbico puede desempeñar un papel importante para los efectos de la acupuntura. Para evaluar si este hallazgo se aplica a otros puntos de acupuntura clásicos mayores, se realizó fMRI en 10 adultos sanos durante la acupuntura manual en Taichong (LV3), Xingjian (LV2), Neiting (ST44) y un punto simulado en el dorso del pie izquierdo.

Aunque se pudieron observar ciertas diferencias entre los puntos reales y simulados, la respuesta hemodinámica (cambios de señal BOLD) y la respuesta psicofísica (experiencia sensorial) a la acupuntura fueron generalmente similares para los cuatro puntos.

La acupuntura produjo una desactivación extensa del sistema límbicoparalímbico-neocortical. Se observaron grupos de regiones desactivadas en la corteza prefrontal medial (polo frontal, cingulado pregenual), el lóbulo temporal (amígdala, hipocampo y parahippocampus) y la corteza medial posterior (precuneus, cingulado posterior). Las cortezas sensoriomotoras (cortezas somatosensoriales, corteza motora suplementaria), tálamo y estructuras paralímbicas ocasionales como la ínsula y la corteza cingulada media anterior mostraron activación. Nuestros resultados proporcionan evidencia adicional en apoyo de informes anteriores de que la acupuntura modula la red límbicoparalímbico-neocortical.

Presumimos que la acupuntura puede mediar su dolor, de manera ansiolítica y otros efectos terapéuticos a través de este circuito neuronal intrínseco que desempeña un papel central en las dimensiones afectivas y cognitivas del dolor, así como en la regulación e integración de la emoción, el procesamiento de la memoria, la autonomía, la endocrina. , inmunológicas y funciones sensoriomotoras.

2008

***EFT autoadministrado (Técnicas de liberación emocional) en individuos con fibromialgia: un ensayo aleatorizado (2008)**
Self-administered EFT (Emotional Freedom Techniques) in Individuals With Fibromyalgia: A Randomized Trial.
Gunilla Brattberg, MD
Artículo completo en inglés:
https://www.varkstaden.se/pdf_filer/EFT_article.pdf

Objetivo: El objetivo de este estudio fue investigar si las técnicas de liberación emocional autoadministradas (EFT) conducen a percepción reducida del dolor, mayor aceptación y afrontamiento capacidad y mejor calidad de vida relacionada con la salud en individuos con fibromialgia.

Métodos: Ochenta y seis mujeres, diagnosticadas con fibromialgia y en baja por enfermedad durante al menos 3 meses, fueron asignados aleatoriamente a un grupo de tratamiento o un grupo en lista de espera. Para aquellos en el grupo de tratamiento, se administró un programa de tratamiento EFT de 8 semanas a través de Internet.

Resultados: al finalizar el programa, se observaron mejoras estadísticamente significativas en el grupo de intervención (n = 26) en comparación con el grupo de lista de espera (n = 36) para variables como dolor, ansiedad, depresión, vitalidad, función social, salud mental, problemas de rendimiento relacionados con el trabajo u otros actividades debido a razones físicas y emocionales, y estrés síntomas Además, dolor medidas catastróficas, como la rumia, el aumento y la impotencia fueron significativamente reducido, y el nivel de actividad aumentó significativamente en el grupo de tratamiento en comparación con el grupo de lista de espera. Sin embargo, no se observó diferencia en la disposición al dolor entre los grupos.

El número necesario para tratar (NNT) con respecto a la recuperación de la ansiedad fue de 3. NNT para la depresión fue de 4.

Conclusión: La EFT autoadministrada parece ser un buen complemento para otros tratamientos y programas de rehabilitación. El tamaño de la muestra fue pequeño y la tasa de abandono fue alta, por lo tanto los resultados sorprendentemente buenos deben interpretarse con cautela. Sin embargo, sería interesante estudiar más a fondo este simple y Método de tratamiento autoadministrado de fácil acceso, que puede incluso ser enseñado por internet.

*Manual de Terapia Gestalt (1ª. Edición).

This is the 1st edition of the Handbook for Theory, Research and Practice in Gestalt Therapy. It was published originally in 2008.

Philip Brownell.

Texto completo en inglés:

https://d1wqtxts1xzle7.cloudfront.net/61312343/Handbook_for_Theory_Research_and_Practice_in_Gestalt_Therapy_complete320191123-11295-smqk49.pdf?1574543575=&response-content-disposition=attachment%3B+filename%3DHandbook_for_Theory_Research_and_Practic.pdf&Expires=1597243585&Signature=bRMaK97aNZHCDn~fJX2h6ktuh0w2TFcF8e2IABkDqnfTbc8g9UsHNVcA-XeuQ3V62ejQutXjM0p9C8LkuGs2jMCgLjvRsNja-swBOxvSr71ooTSySVT5Hie26UeUekQFDiBlEh7ePSRzZUxkYp5gvyLeF9NQgVyZTw8AJAwxOllsEDe7w1~aU0qtHaNRV2m5zRb7dWCUjgBu3oybWe7ccW77D39sJvoXh9o219DLFL00WeFk531eHPpWgd~x7~1E~kNiuOqfXCSSvQOq0qu9gp-cBqbjf~GsSVdubW09PF3gQIulQ0~PS-xlRJqXRc7QIeP-8qRnLZ~0X3ruLEuQKw__&Key-Pair-Id=APKAJLOHF5GGSLRBV4ZA

*Universidad Gestalt de América.

La Universidad Gestalt es la evolución del Instituto de Psicoterapia Guestalt (IPG) y el resultado de tres décadas de trabajo, estudio y desarrollo de la Psicoterapia Gestalt, así como de su filosofía.

El IPG, fundado por el Dr. Héctor Salama en 1983, fue la única institución reconocida por Laura Perls, madre de la Psicoterapia Gestalt. Fue también, la primera escuela en difundir y desarrollar académicamente el enfoque gestáltico en México y en el mundo.

El Dr. Héctor Salama Penhos, es el creador del Test de Psicodiagnóstico Gestalt (TPG), primero en su género en el mundo (año 1992), que cuenta con un índice (Kappa) de exactitud de 96%. Este instrumento fue confrontado con los siguientes instrumentos paramétricos: Tennessi, Idare, Williams, Minessota y Rogers. El TPG muestra los siguientes porcentajes: Confiabilidad (93%); Validez (92%); Sensibilidad (78.7%); Especificidad (91%); Exactitud (93%).

Se cuenta con el primer reconocimiento en el mundo para el grado de Maestría en Psicoterapia Gestalt y para los Doctorados en Psicoterapia Gestalt y en Filosofía Gestalt, además de la Licenciatura en Psicología Humanista (primera en México).

En el 2004 y 2007 se recibieron los reconocimientos por parte del Consejo Iberoamericano en Honor a la Excelencia Educativa. En IPSOS Media, está entre las mejores 100 universidades de México. Con Reconocimiento Oficial de la SEP y Acreditación en ALPES.

Fuentes: http://ugestalt.edu.mx/cloud/nuestra-historia/

Salama, Héctor (2002). «Ciclo Gestalt de Salama y Manual del Test de Psicodiagnóstico Gestalt de Salama (TPG). Editorial Centro Gestalt de México.

2007

***El mito del cerebro dual.**
The Dual-Brain Myth.
Corballis, M.C. (2007) The dual-brain myth. In S. Della Sala (Ed.), *Tall tales on the brain* (pp. 291-313). Oxford: Oxford University Press
Abstract:
https://www.researchgate.net/publication/287290571_The_dual brain_myth
Artículo completo en inglés:
https://www.researchgate.net/profile/Michael_Corballis/publication/287290571_The_dualbrain_myth/links/5c4770d4a6fdccd6b5c100ad/The-dual-brain-myth.pdf

Todo el mundo sabe sobre el cerebro izquierdo y el cerebro derecho. El cerebro izquierdo es verbal, racional, lineal, computacional, científico. El cerebro derecho es espacial, intuitivo, emocional, Creativo, artístico. El cerebro izquierdo personifica el establecimiento militar-industrial del Oeste, mientras que el cerebro derecho tiene el *glamour* y el misterio de Oriente.

El cerebro izquierdo es aburrido, mientras que el cerebro derecho es divertido.
Estas nociones salieron a la luz en la década de 1960, en gran parte como resultado de la investigación sobre personas que se había sometido a la operación llamada "cerebro dividido" para el alivio de intratable2 epilepsia.

La idea básica detrás de la operación era que un trastorno epiléptico que se origina en un lado del cerebro se evitaría que se propague al otro lado, y provocando una gran convulsión, si las conexiones entre los dos lados del cerebro cortar. Esta operación bastante drástica tuvo mucho éxito en al menos reducir el frecuencia y gravedad de las convulsiones. Lo que fue realmente interesante de estos pacientes, sin embargo, era que los dos lados del cerebro estaban efectivamente separados el uno del otro, al menos con respecto a las funciones mentales superiores, por lo que fue posible evaluar la capacidades de cada lado sin interferencia del otro.

El líder de esta investigación fue Roger W. Sperry, quien recibió el Premio Nobel. por su trabajo en 1981. Él y sus colegas pudieron demostrar que el único lado izquierdo del cerebro en realidad podría nombrar objetos o palabras que se le presentan, mientras que el derecho permaneció sin palabras1, 2. El cerebro derecho de al menos algunos pacientes podía entender el lenguaje, sin embargo, y podría dirigir la mano izquierda (que controla) para señalar los nombres escritos de objetos que había visto, o señalan objetos cuyos nombres había visto.

La capacidad del cerebro derecho comprender el lenguaje estaba claramente por debajo del de la izquierda, pero aun así algo sorprendente, desde un siglo de investigación sobre los efectos del daño a la izquierda lado del cerebro había sugerido que el cerebro derecho intacto tenía poca capacidad para entender o producir lenguaje. Todavía es motivo de controversia sobre si los estudios del cerebro dividido han pintado una imagen precisa de las capacidades verbales del cerebro derecho en gente normal.

Pero lo que fue más interesante fue la idea de que el cerebro derecho podría tener especial habilidades propias, habilidades no compartidas por la izquierda.

Hasta la década de 1960, el cerebro derecho (o hemisferio derecho), generalmente se consideraba subordinado a la izquierda, y era generalmente conocido como el hemisferio "menor" o "no dominante", una visión que fue más allá alentado por el hecho de que el cerebro izquierdo controla la mano derecha, que en la mayoría de nosotros es la mano dominante. Sin embargo, los experimentos de cerebro dividido comenzaron a revelar algunas actividades. en el que el cerebro derecho superó al izquierdo. Estos fueron en gran medida espaciales, como en la correspondencia partes de formas a totalidades, o al imaginar formas en diferentes orientaciones, o al detectar emoción en caras o en el habla. El cerebro derecho también parecía ser mejor para identificar melodías, aunque la izquierda parece ser la más especializada para el ritmo, y hay alguna evidencia de que los músicos profesionales son generalmente dominantes del cerebro izquierdo para música. Aunque el compendio de funciones sugeridas del cerebro derecho es bastante amplio, las ventajas suelen ser leves, y las funciones en sí mismas son simples perceptivas.

El dominio más obvio y extremo del cerebro derecho tiene que ver con el control de atención espacial Las personas con daño cerebral derecho a menudo muestran un notable descuido de la izquierda lado del espacio, en casos extremos, no vestir el lado izquierdo del cuerpo, o comer de solo el lado derecho de la placa, o dejando el flanco izquierdo ridículamente expuesto cuando jugando ajedrez. Las personas con daño cerebral izquierdo rara vez muestran una negligencia complementaria del lado derecho del espacio, y si lo hacen, generalmente es transitorio. Estos fenómenos son generalmente se entiende que el cerebro izquierdo puede dirigir la atención solo al lado derecho de espacio, mientras que el cerebro derecho puede atender a ambos lados. Aunque esta diferencia es bastante sorprendente, apenas representa un estilo de pensamiento profundamente diferente.

Estas ventajas del cerebro derecho pueden haber surgido simplemente debido a la especialización del lenguaje del cerebro izquierdo y a las habilidades relacionadas, como las matemáticas. Idioma ocupa mucho espacio cerebral, por lo que el cerebro izquierdo puede haber perdido parte de su capacidad para más funciones elementales El verdadero lenguaje es casi con certeza exclusivamente humano, por lo que el cerebro derecho puede representar simplemente las capacidades cerebrales de ambos lados del cerebro antes el lenguaje llegó para destruir la simetría. Esto es quizás una ligera simplificación excesiva, ya que hay evidencia de una ventaja del cerebro derecho para el espacio y procesamiento emocional en algunas especies no humanas, pero incluso estas pueden ser secundarias a funciones comunicativas alojadas principalmente en la izquierda.

CONCLUSIONES

Tenemos cerebros asimétricos, y esto es un hecho de considerable interés y importancia. Pero nuestros cerebros también son altamente simétricos, el resultado de cientos de millones de años de evolución en un mundo donde la diferencia entre izquierda y derecha es de prácticamente sin consecuencias.

Quizás es en el mundo construido por los humanos donde la polaridad hacia la izquierda es más importante, como leer y escribir, dar la mano para saludar, conducir, y así sucesivamente, pero esto es a su vez una consecuencia de nuestra propia asimetría. Lo más probable explicación o nuestro cerebro asimétrico es que ciertos cálculos complejos son ineficiente si está limitado por circuitos simétricos, y se logran mejor dentro de un hemisferio que por circuitos a caballo entre los hemisferios. Las ventajas de asimétrico la representación se aplicaría particularmente a los cálculos que no están limitados por fuerzas que condujeron a la simetría bilateral en primer lugar, a saber, el movimiento lineal y la capacidad de detectar y reaccionar a eventos espaciales en el entorno. El lenguaje hablado se ajusta a esto criterio, ya que se genera internamente y se manifiesta en el tiempo, no en el espacio.

Aun así, la representación del lenguaje en el cerebro se establece contra un antecedente de simetría estructural, y hemos visto que cada hemisferio tiene al menos El potencial para acomodarlo. La representación asimétrica del lenguaje hace confieren algunas desventajas, como un ligero sesgo hacia el procesamiento de palabras en el oído derecho o en el lado derecho del espacio, y un sesgo correspondiente de atención espacial y espacial procesando hacia el lado izquierdo del espacio. El hecho de que estos sesgos sean leves sugiere que La simetría bilateral sigue teniendo una importancia adaptativa superior. Si el cerebro izquierdo fuera totalmente ocupados con el lenguaje, entonces podríamos ser presa fácil de los monstruos que acechan en el correcto (política y espacialmente, tal vez). Poco después de los desarrollos de la 1960 que condujo al culto moderno del cerebro izquierdo-derecho, Brenda Milner, una de las pioneras de la neuropsicología moderna y un cuidadoso investigador de la asimetría cerebral, advirtió contra enfatizar demasiado las asimetrías del cerebro a expensas de considerable superposición en la función entre los dos lados108, pero su advertencia ha sido poca atendido.

Dada la naturaleza de la evolución, es probable que la asimetría cerebral haya sido lograda por jugar con lo que ya estaba allí, en lugar de un nuevo cableado cerebral circuitos. La patada necesaria para darle al cerebro izquierdo la primera opción de lenguaje puede haber sido tan simple como un crecimiento acelerado que favorece ese lado en un período crítico en el desarrollo de sintaxis, o puede haber sido un mecanismo de poda que retrasó ligeramente el crecimiento en el cerebro derecho, o ambos. Es extremadamente improbable que los procesos incrementales de la naturaleza selección de alguna manera logró un nuevo cableado de los hemisferios cerebrales para que uno se convirtió especializado para la compleja secuencia temporal requerida para el lenguaje, mientras que la otra era adaptada a funciones espaciales, intuitivas y emocionales complementarias. Esto no es para decir que no hay asimetrías en la forma en que se representan estas diferentes funciones en el cerebro; el problema radica en la noción simplista de que los dos medios cerebros encarnan de alguna manera formas opuestas de pensamiento, y que los talentos del cerebro derecho han sido subyugados.

A entender cómo funciona la mente, debemos considerar cómo funciona el cerebro en su conjunto, y no servirá simplemente arrojar nuestras diferentes capacidades mentales a aquellos convenientes contenedores, los cerebros izquierdo y derecho.

¿El mito del cerebro dual hace algún daño? Es perfectamente aceptable contrastar intuición con razón, o pensamiento holístico con pensamiento analítico, o emoción con lógica, y se podría argumentar que no hay daño en vincular estas polaridades con la izquierda y cerebros derechos La principal dificultad es que la referencia al cerebro puede verse como un Fuerza legitimadora para dar crédito científico a prácticas dudosas. La idea de que hay pueden ser talentos ocultos latentes en un cerebro derecho subyugado es un poderoso y uno tranquilizador, casi tan tranquilizador, tal vez, como la idea de la vida después de la muerte, y maduro para explotación de la misma manera.

Terapeutas sin escrúpulos, curanderos y educadores autoproclamados, así como algunos que simplemente son ingenuos, ofrecen formas de liberar ese potencial oculto, y así descubrir el "extraño dentro" 109, ya sea a través de la música o meditación o electrodos, o respirar por la fosa nasal izquierda durante un tiempo.

Ahi está siempre un mercado para aquellos que explotarían nuestros miedos y decepciones.

My Chambers Concise Dictionary (edición en rústica de 1989) define un mito como "un antigua historia tradicional de dioses o héroes, esp. uno que ofrece una explicación de algún hecho o fenómeno". Excepto por la palabra "antiguo ", esta no es una mala definición de ciencia, donde nuestros dioses modernos son genes, muones y agujeros negros. Nosotros, por supuesto, vamos más allá de la evidencia en la construcción de teorías, y la visión de la asimetría cerebral que tengo presentado en este capítulo sin duda.

2006

***Tratamientos y pruebas psicológicas desacreditadas: una encuesta de Delphi.**

Norcross, John C.; Koocher, Gerald P.; Garofalo, Ariele (Recibido en mayo 2005, publicado en mayo 2006). "Discredited psychological treatments and tests: A Delphi poll". Professional Psychology: Research and Practice. 37 (5): 515–522.
Doi: https://doi.org/10.1037/0735-7028.37.5.515

Abstract:

https://psycnet.apa.org/doiLanding?doi=10.1037%2F0735-7028.37.5.515

Artículo completo en inglés:

https://pdfs.semanticscholar.org/cce7/2f4138d202cacf009a4a98313ce47ba86a7b.pdf

Una encuesta de Delphi a un panel de psicólogos expertos calificó a EFT en una escala que describe cuán desacreditado ha sido EFT en el campo de la psicología. En promedio, este panel encontró que EFT tenía un puntaje de 3.8 en una escala de 1.0 a 5.0, con los siguientes significados: 5.0 ciertamente desacreditado; 4.0 probablemente desacreditado; 3.0 posiblemente desacreditado; 2.0 poco probable de estar desacreditado; 1.0 en absoluto desacreditado.

Dentro de la lista, de las terapias más conocidas estuvieron PNL que fue calificada con 3.57; TFT 4.21; Bioenergética 3.37; EMDR 2.88; Psicodrama de Moreno 2.95; y Terapia Primal 4.51.

***Investigación sobre la aplicación del método de las Constelaciones Familiares de Bert Hellinger a la supervisión clínica.**

Gómez Gómez, Francisco y Pérez Doñoro, Ana María (2005) Investigación sobre la aplicación del método de las Constelaciones Familiares de Bert Hellinger a la supervisión clínica. Revista de Investigación en Psicología, 8 (1). pp. 29-50. ISSN 1560-909X
Doi: https://doi.org/10.15381/rinvp.v8i1.4230
Artículo completo en español:
https://www.researchgate.net/profile/Francisco_Gomez41/publication/28105506_Investigacion_sobre_la_aplicacion_del_metodo_de_las_Constelaciones_Familiares_de_Bert_Hellinger_a_la_supervision_clinica/links/0046353b3a1f2ed42e000000/Investigacion-sobre-la-aplicacion-del-metodo-de-las-Constelaciones-Familiares-de-Bert-Hellinger-a-la-supervision-clinica.pdf?origin=publication_detail

Resumen

La parte empírica de este trabajo de investigación incluye los modelos de intervención sistémico y fenomenológico en el modelo de las constelaciones familiares, así como el modelo de las representaciones sociales.

La investigación consiste en aplicar el método de las constelaciones familiares creado por Bert Hellinger a la supervisión clínica. Para ello, se estudiaron catorce casos, presentados por los psicoterapeutas participantes en la misma.

Los resultados dan cuenta de los cambios de creencias, convicciones y grados de satisfacción de los participantes en las dinámicas de grupo. En definitiva, la investigación recoge los cambios en las representaciones sociales de los psicoterapeutas investigados, sobre sus problemas y relaciones laborales, como consecuencia de la aplicación del método de las constelaciones familiares.

RESULTADOS

Hay algo que es de suma importancia para el presente trabajo de investigación y que surge cuando miramos los datos obtenidos de las respuestas de los profesionales que realizaron sus constelaciones familiares y organizacionales y también de los que participaron en los grupos y fueron testigos de ellas. Los cambios en los porcentajes son, por lo general, bastante significativos, lo que expresa muy claramente, a nuestro entender, las tendencias existentes a la hora de dejar constancia de los cambios que se produjeron en las opiniones sobre las convicciones, creencias y niveles de satisfacción de los psicoterapeutas encuestados.

El nivel de convencimiento sobre la utilidad de las constelaciones para resolver la situación laboral de los psicoterapeutas es bastante significativo, (véase Gráfico 1) ya que antes de realizar la constelación el 50% manifestaba estar convencido de dicha utilidad, mientras que el 43% tenía dudas y el 7% no creía que fuese a tener utilidad. Después de la constelación los convencidos son el 86% y los que expresan dudas el 14%, habiendo desaparecido los que no creían en la utilidad del modelo. Un mes después los convencidos son el 79% y los que tienen dudas el 21%, los que no creían en la utilidad seguían siendo el 0%. Mientras que los profesionales que estaban convencidos de la utilidad de las constelaciones para resolver la situación laboral de los que las realizaron era del 68%, tenía dudas el 29% y el 3% manifestaba estar convencido de su no utilidad.

Como puede observarse los datos de los profesionales participantes en los grupos están más próximos a los datos de antes que a los de después de las constelaciones. Queremos decir algo acerca del 3% de los participantes en los grupos que expresa estar convencido de la no validez de las constelaciones para resolver los problemas laborales pues, aunque este porcentaje es bajo, señala un hecho diferencial con respecto a los que realizaron sus constelaciones organizacionales, lo que podría explicarse porque estos partían de una previa predisposición o convencimiento favorable.

La tendencia que evidencian los datos es la del crecimiento significativo de los porcentajes tras las constelaciones, crecimiento que se confirma un mes después de su realización. Los datos son corroborados por los participantes en los grupos que observaron las dinámicas y cuyas respuestas aportan unos datos que se quedan entre los que se obtienen de los cuestionarios pasados antes y los que se obtienen de los cuestionarios pasados después de cada una de las constelaciones.

Sobre la utilidad de las constelaciones para resolver los problemas laborales podemos afirmar que lo que, a nuestro juicio, reflejan los datos es el cambio de representaciones sociales que se produce en los profesionales que realizaron las constelaciones. Cambian las representaciones sociales que tienen sobre ellos y sobre los demás en relación con, dentro de, las organizaciones donde desarrollan sus labores profesionales. Los demás profesionales participantes en los grupos que solo observan las dinámicas no suelen modificar las representaciones sociales de ellos mismos en relación con sus organizaciones por lo que observan en las constelaciones de las organizaciones de los demás. Por eso, los grupos nos sirven para, de alguna manera, comparar o controlar los cambios que se producen, pero la mera observación de las dinámicas no conlleva un cambio, solo podría disponerles a realizar su propia constelación organizacional.

Los psicoterapeutas que estaban seguros de que sus problemas laborales sí tenían solución (véase Gráfico A-3) pasaron del 29% antes de realizar la representación organizacional al 64% después de realizarla y al 79% un mes después de realizada, mientras que al 52% de los que participaron en los grupos les pareció que los que realizaron su constelación organizacional si estaban seguros de la solución de sus problemas laborales. Los que manifestaron que posiblemente sus problemas laborales si tuviesen solución fueron el 36% antes de las constelaciones y se mantuvieron en el mismo 36% después para bajar al 21% un mes después, mientras que los participantes en los grupos que eligieron esta opción fueron el 35%.

La respuesta de que probablemente los problemas laborales no tengan solución la dieron en un 36% los que realizaron las constelaciones antes de llevarlas a cabo, bajando al 0% después y al mes después de efectuadas. Los participantes en los grupos solo señalaron esta opción un 1%.

Los profesionales creían, antes de las constelaciones, en un 59% que los clientes de sus organizaciones estaban satisfechos con lo que recibían (Véase Gráfico A-13). Después de realizar las constelaciones el porcentaje ascendía al 75% y al mes estaba en el 69%. Las creencias sobre la misma temática de los otros profesionales participantes en los grupos se situaron en el 59%. Los clientes son muy importantes para las organizaciones y en la medida en que estas son capaces de satisfacer las necesidades de sus clientes cumplirán sus objetivos, mientras que si los niveles de satisfacción de los clientes son bajos tendrán difícil de justificar sus cometidos, sus funciones e incluso podrían llegar a situaciones en las que su propia existencia podría ponerse en duda.

Por eso, resulta de un gran interés el que los profesionales que realizan sus funciones en las organizaciones, tanto públicas como privadas, cambien sus representaciones sociales con relación a sus clientes, porque es difícil que ocurra aquello que no imaginamos, pero aún es mucho más difícil que ocurra aquello que no creemos posible.

***Las Constelaciones Familiares de Bert Hellinger: un procedimiento psicoterapéutico en busca de identidad.**
International Journal of Psychology and Psychological Therapy, vol. 5, núm. 1, april, 2005, pp. 83-94 Alonso, Yolanda. Universidad de Almería. Almería, España.
Artículo completo en español:
http://www.redalyc.org/articulo.oa?id=56050107

RESUMEN
El propósito general de este artículo es describir la técnica psicoterapéutica de las constelaciones familiares, que permanece casi desconocida en los países hispanohablantes mientras que en los de lengua alemana está experimentando una propagación insólita. Se ofrece también exposición y discusión de la fuerte controversia que la envuelve desde su nacimiento. Se lleva a cabo en grupo y en una sola sesión, y consiste básicamente en una reestructuración del esquema de la familia de origen del cliente, el cual ha colocado en el centro de la estancia a algunos de los participantes en la sesión, que actúan como representantes de los miembros de su familia, de forma que configuran un árbol genealógico viviente.

A pesar de la enorme aceptación de la que goza, su eficacia aún está por ver y los supuestos en los que se basa por comprobar. Con todo, algunos de sus elementos son dignos de reflexión, como su particular encuadre de los problemas psicológicos en una dimensión transgeneracional (diacrónica).

Además, la técnica en sí es novedosa y puede constituir una potente herramienta para descubrir dinámicas significativas en las relaciones interpersonales.

CONCLUSIONES Y VALORACIÓN

Algunas particularidades de la CF, pero sobre todo la actitud de algunos de sus autores y practicantes, hacen que su imagen pública esté teñida de un cierto esoterismo y que se le atribuyan propiedades casi mágicas. Con ello se ganan seguramente clientes con más celeridad, pero también se corre el peligro de despertar rechazo -como de hecho es el caso- en ambientes no legos, y de que sus elementos aprovechables queden diluidos en el aura de misterio. Despojarse de ese talante enigmático favorecería enormemente su justa valoración y el reconocimiento de sus logros.

Como hemos visto, la corriente sistémica desmiente que la CF pueda ser catalogada entre sus terapias, aunque ambas coincidan en el acertado reconocimiento de la familia como el contexto en el que los trastornos psicológicos cobran sentido. Lo inusual de la CF es entender la función del síntoma como equilibrador de traumas pasados y vividos por otros. La utilidad clínica de esta consideración merece ser revisada, puesto que la tesis inicial de la CF es ciertamente plausible. Es indiscutible que acontecimientos negativos importantes del pasado familiar pueden tener consecuencias para los parientes venideros, incluso determinar de forma importante la organización actual del sistema familiar y el carácter de las relaciones entre sus miembros. La CF llama la atención así sobre la conveniencia de un modelo que permita integrar eventos pasados en la comprensión de las circunstancias familiares actuales. Sin embargo, el modelo que propone la CF se cierra a sí mismo, pues se declara autosuficiente para detectar en unos pocos minutos la causa del hecho patológico (el enredo), y del mismo tirón hallarle solución (la imagen modificada de la constelación familiar). De nuevo ha surgido una propuesta con ánimo de independencia teórica dentro de lo que Pérez Álvarez (2003) llama "confusión de lenguas de la psicología clínica", donde cada modelo psicoterapéutico ofrece una comprensión completa de lo que trata, irreconciliable con los demás enfoques, que desde el punto de vista conceptual estarían de sobra. En cuanto al edificio teórico que sustenta la CF, dos cosas serían urgentemente necesarias: su sistematización (esto es, formular sus proposiciones de forma que sean manejables), y su filtrado a través de pruebas empíricas. Es cierto la psicología contemporánea no siempre ha respetado el principio de que las teorías deben formularse en estrecha conexión con los hechos (Wilson, 2001), de modo que esta crítica puede ser vertida también sobre otros enfoques y modelos. Pero el caso de la CF es particularmente estridente, puesto que las ideas de Hellinger presentan más bien el aspecto de una normativa a la manera de los mandamientos (tal vez influya el hecho de que viviera 25 años como religioso), talante que se manifiesta también en la falta de discusión sobre ellas. Es posible que tengan valor para la comprensión de ciertas reglas que rigen el funcionamiento de las familias, pero hasta hoy distan mucho de constituir un modelo al que atenerse en teoría, práctica o investigación.

La crítica especialmente dura que se ha hecho en estas páginas del concepto de los "campos de conocimiento" no tiene que ver con una actitud de defensa del positivismo, sino de la simple congruencia en los planteamientos. No se niega la existencia de una tal fuente de información, de la que los representantes podrían ser tributarios, lo que se niega es que haya pruebas de tal tributo, y lo que se critica, en consecuencia, es que se actúe como si las hubiera. La ciencia está acostumbrada a manejar fenómenos que de entrada no entiende. De hecho, ésa es su competencia. Pero lo primero de todo es constatar tales fenómenos. A partir de ese momento serán bienvenidas todas las teorías que puedan aclararlo, por rupturistas que sean con la ortodoxia.

En resumen, en el futuro la CF debería presentar pruebas de sus postulados y evaluar la eficacia del procedimiento con seguimientos a medio y largo plazo.

Sólo así será posible valorarla en su justa medida. La investigación futura pide saber qué alcance tienen sus beneficios y en qué casos éstos son más significativos. De momento todo parece indicar que el efecto que se genera en los clientes, aunque tal vez importante, no es duradero. En principio, y hasta que se demuestre lo contrario, hay que pensar que las soluciones a los problemas psicológicos, sin menoscabo del papel que el pasado de la familia pueda tener en ellos, están más ligadas a las circunstancias presentes, en las que la CF no introduce cambios, si acaso indirectos a través de los cambios de la imagen familiar privada del cliente.

La técnica propiamente dicha es probablemente un instrumento eficaz para sacar a la luz dinámicas familiares significativas, y tal vez resulte especialmente útil para trabajar con familias con estructuras complejas. Un interesante acercamiento futuro consistiría en utilizar la información proveniente de la CF para emprender acciones o cambios en la vida real, aunque para ello sería necesario un modelo que proporcione las pautas para sugerir tales cambios, que de momento no existe. Del mismo modo, otras terapias podrían beneficiarse de la CF como un instrumento complementario destinado a revelar relaciones significativas o dinámicas familiares que puedan ser objeto de trabajo psicoterapéutico.

***Desde el 2004, el EMDR fue incluido por la APA (Division 12) como tratamiento basado en evidencia:**
https://www.div12.org/treatment/eye-movement-desensitization-and-reprocessing-for-post-traumatic-stress-disorder/

***PSICOLOGÍA ENERGÉTICA: Teoría, Indicaciones, Evidencia.**
ENERGY PSYCHOLOGY: Theory, Indications, Evidence Joaquin Andrade, M.D.; David Feinstein, Ph.D *Energy Psychology Interactive: An Integrated Book and CD Program for Learning the Fundamentals of Energy Psychology* (Ashland, OR: Innersource, 2004). Phil Friedman, Ph.D
Artículo completo en inglés:
https://academiaeft.com/web/media/andrade_feinstein_paper-1.pdf

En ensayos clínicos preliminares en los que participaron más de 29,000 pacientes de 11 centros de tratamiento aliados en América del Sur durante un período de 14 años, se realizaron una variedad de estudios piloto aleatorizados, doble ciego.

En uno de estos, aproximadamente 5,000 pacientes diagnosticados en la ingesta con un trastorno de ansiedad se asignaron al azar a un grupo experimental (tapping) o un grupo de control (terapia cognitiva conductual / medicación).

Las calificaciones fueron otorgadas por médicos independientes que entrevistaron a cada uno paciente al final de la terapia, a 1 mes, a los 3 meses, a los 6 meses, y a los 12 meses. Los evaluadores hicieron una determinación de completa remisión de los síntomas, remisión parcial de los síntomas o no clínica respuesta. Los evaluadores no sabían si el paciente recibió TCC / medicación o tapping. Conocían solo el diagnóstico inicial, los síntomas y la gravedad, según lo juzgado por el personal de admisión. En el cierre de la terapia: se consideró que 63% del grupo de control tenía mejorado; Se consideró que el 90% del grupo experimental tenía mejorado.

El 51% del grupo de control fue juzgado como síntoma gratis; El 76% del grupo experimental fue juzgado como libre de síntomas.

Si la investigación posterior corrobora estos principios de hallazgos, será un desarrollo notable ya que la TCC / medicación es Actualmente, el estándar de atención establecido para los trastornos de ansiedad y la Mayor efectividad del enfoque energético sugerido por este estudio sería muy significativo.

2001

***Desensibilización y reprocesamiento del movimiento ocular (EMDR): un meta-análisis.**
Eye movement desensitization and reprocessing (EMDR): A meta-analysis
Article *in* Journal of Consulting and Clinical Psychology 69(2):305-16 · May 2001 *with* 303 Reads
DOI: https://doi.org/10.1037/0022-006X.69.2.305
Source: PubMed
https://psycnet.apa.org/record/2001-06441-016
Artículo completo en inglés:
https://pdfs.semanticscholar.org/d703/9ab57fabe1a3b0aee33bf558b95cf228700c.pdf?_ga=2.247598343.1869329555.1573183902-164010512.1573183902

La desensibilización y el reprocesamiento del movimiento ocular (EMDR), un tratamiento controvertido sugerido para el trastorno de estrés postraumático (TEPT) y otras afecciones, se evaluó en un metanálisis de 34 estudios que examinaron EMDR con una variedad de poblaciones y medidas.

El proceso y las medidas de resultado se examinaron por separado. y EMDR mostró un efecto tanto en comparación con ningún tratamiento como con terapias que no utilizan la exposición a estímulos que provocan ansiedad y en comparaciones pre-post EMDR. Sin embargo, no se encontró ningún efecto significativo cuando se comparó EMDR con otras técnicas de exposición. No se observó ningún efecto incremental de los movimientos oculares cuando se comparó EMDR con el mismo procedimiento sin ellos. R. J. DeRubeis y P. Crits-Christoph (1998) señalaron que EMDR es un tratamiento potencialmente efectivo para el TEPT sin combate. pero los estudios que examinaron estos grupos de pacientes no dieron un claro apoyo a esto. En resumen, EMDR parece no ser más efectivo que otras técnicas de exposición, y la evidencia sugiere que los movimientos oculares integrales al tratamiento, y en su nombre, son innecesarios.

***Terapia del Campo de Pensamiento (TFT): Calmar los malos momentos de Kosovo.**
Johnson, C., Shala, M., Sejdijaj, X., Odell, R., & Dabishevci, D. (2001).

Thought Field Therapy: Soothing the bad moments of Kosovo. Journal of Clinical Psychology, 57(10), 1237–1240.
Doi: https://doi.org/10.1002/jclp.1090
https://psycnet.apa.org/record/2001-18792-009

El trauma en Kosovo fue tratado con terapia de campo de pensamiento (TFT) durante cinco sesiones separadas viajes de miembros del Global Institute of Thought Field Therapy, en el año 2000.
Clínicos de Suecia, el Reino Unido y los Estados Unidos se unieron en Kosovo por cuatro médicos que los transportaron a aldeas remotas devastadas por la guerra donde pacientes con trauma severo fueron tratados.

Se administró tratamiento a 105 pacientes con 249 traumas separados El alivio total fue informado por 103 de los pacientes, y para 247 de los traumas separados Los datos de seguimiento con un promedio de cinco meses no revelaron ningún caso de recaída.

*La **acupuntura** fue reconocida por la Organización Mundial de la Salud (OMS) como una efectiva opción terapéutica que hoy se enseña y practica en todos los países de occidente.
http://apps.who.int/iris/bitstream/10665/95008/1/9789243506098_spa .pdf?ua=1

*También, desde el 2001 la OMS reconoce el **Reiki** como una práctica de salud multidisciplinaria válida:
http://www.paho.org/Spanish/AD/FCH/AI/BB_Summary_span.pdf

Un proyecto de demostración clínica sistemática de enfoques prometedores de tratamiento de TEPT.

Carbonell, J.L., & Figley, C. (1999). A systematic clinical demonstration project of promising PTSD treatment approaches. Traumatology, 5(1);
Doi: https://doi.org/10.1177%2F153476569900500106
https://journals.sagepub.com/doi/abs/10.1177/153476569900500106
Texto completo en inglés:
http://www.appliedmetapsychology.org/research-publications/research/active-ingredient/a-systematic-clinical-demonstration-of-promising-ptsd-treatment-approaches/

Reducción de incidentes traumáticos, disociación visual-cinestésica, el movimiento ocular, desensibilización y el reprocesamiento (EMDR), y la terapia de campo de pensamiento (TFT) fueron investigados a través de una metodología sistemática de demostración clínica (SCD). Esta metodología guía el examen, pero no prueba la efectividad de los enfoques clínicos. Cada enfoque fue demostrado por profesionales reconocidos a nivel nacional después de un proceso similar protocolo, aunque sus métodos de tratamiento variaron. Un total de 39 participantes en la investigación fueron tratados y los resultados mostraron que los cuatro enfoques tuvieron un impacto inmediato en clientes y parece tener también un impacto duradero.

El documento también discute el implicaciones teóricas, clínicas y metodológicas del estudio.

1994

***Un meta-análisis sobre la efectividad de la Terapia Gestalt.**
A meta-analysis on the effectiveness of Gestalt therapy.
Zeitschrift für klinische Psychologie, Psychopathologie und Psychotherapie /
im Auftrag der Görres-Gesellschaft 42(3):241-60 · February 1994
Abstract:
https://www.ncbi.nlm.nih.gov/pubmed/7941644
Artículo completo en inglés:
https://www.researchgate.net/profile/Hans_Bretz/publication/15256882_A_metaanalys
is_on_the_effectiveness_of_Gestalt_therapy/links/56ab8a3508aed814bdea2395/Ameta-
analysis-on-the-effectiveness-of-Gestalt-therapy.pdf

Esta evaluación metaanalítica de la investigación de evaluación en el campo
de la terapia Gestalt se realizó sobre la base de 38 estudios que tuvieron
lugar entre 1970 y 1986. Su alcance es sustancialmente más amplio que el
metaanálisis de Smith, Glass y Miller (1980) o el análisis secundario del
Grupo de trabajo de Grawe Berner documentado en Forschungsgutachten zu
Fragen eines Psychotherapeutengesetzes (1991). Los resultados indican que
la terapia Gestalt es un tratamiento psicoterapéutico efectivo que no es
inferior a otros métodos de tratamiento comparables. No se puede hacer una
declaración definitiva sobre la indicación diferencial, la configuración de la
terapia individual o las medidas a largo plazo.

1993

*El Test de verificación muscular kinesiológica O' Ring Bi-Digital del Dr. Yoshiaki Omura obtiene patente en Estados Unidos de América: US5188107A

Prueba de anillo tórico bi-digital para imágenes y diagnóstico de órganos internos de un paciente. Bi-digital O-ring test for imaging and diagnosis of internal organs of a patient.
https://patents.google.com/patent/US5188107A/en

Abstract
Un método de obtención de imágenes de un órgano interno de un paciente para fines de diagnóstico médico, donde un paciente forma una junta tórica con una de las manos colocando las yemas de los dedos del pulgar y uno de sus dedos restantes juntos y una muestra de tejido de un órgano interno se coloca en la otra mano del paciente, y el órgano interno del paciente se sondea externamente de forma no invasiva con un instrumento de sondeo.

El órgano interno es el mismo tipo de órgano que el de la muestra. Simultáneamente, un probador intenta separar la forma de la junta tórica colocando el pulgar y uno de los dedos restantes de cada una de sus manos dentro de la forma de la junta tórica del paciente para formar juntas tóricas entrelazadas y tirar del pulgar. y el dedo del paciente se separa debido a un campo electromagnético del tejido de la muestra que interactúa con un campo electromagnético del órgano interno que se está sondeando y esta interacción se detecta por la capacidad de separar la forma de la junta tórica, lo que permite obtener imágenes del límite del órgano interno que se sondea.

1988

*Mejora del rendimiento humano: problemas, teorías y técnicas (PNL desacreditada).

Daniel Druckman; John A. Swets (1988). «Enhancing human performance: Issues, theories, and techniques». *Human Resource Development Quarterly* (Washington, DC: National Academy Press) 1 (2): 202-206.
Doi: https://doi.org/10.1002/hrdq.3920010212

Texto completo en inglés:

https://d1wqtxts1xzle7.cloudfront.net/48497733/j.1559-1816.2004.tb01975.x20160901-9211-17pv0bm.pdf?1472771111=&response-content-disposition=attachment%3B+filename%3DBe_All_That_You_Can_Be_Enhancing_Human_P.pdf&Expires=1597293569&Signature=f9bQBFgIaBIXcGdRnn8DE4eSe4Cb8ER0b0qI2loKq7cOHNCtb~d1iJOW1ORooLW6TlxqycT3jDZkvBG5kHTIAwdFvvdvn7Gth8cb2M-CW9NyY7ZT8FjoAsIsD~bKapfQFC1EsgphrDq9-ayShg2PNyy0pO~ffrKu7OWuj-vBxGEMKNH8p81sj4ljIcI3YorReLb-ibsdCpPF0IGUB8YbmRu6W~of4tQd9-J1cJdjuagK5nGv5szQdZ3~F9VcDacxrWpTvQsu6c9Ysn3NdIG-B-WZ7nBk8cNxssOmXwjuZQz-RvGX54G922Wt6vcEXCKr2KekCWShDZXlkNy-OcWdkw__&Key-Pair-Id=APKAJLOHF5GGSLRBV4ZA

Un comité de investigación del Consejo Nacional de Investigación de Estados Unidos (National Academies of Sciences, Engineering, and Medicine) dirigido por Daniel Druckman llegó a dos conclusiones. En primer lugar, la comisión «encontró poca o ninguna» evidencia para apoyar los supuestos de la PNL o para indicar que es eficaz como estrategia de influencia social. «Se supone que mediante el seguimiento de los movimientos oculares y el lenguaje del otro, un entrenador PNL podría identificar los pensamientos de la persona, sus sentimientos y opiniones (Dilts, 1983). No hay evidencia científica para estos supuestos». En segundo lugar, los miembros del comité «quedaron impresionados con el enfoque de modelado utilizado para desarrollar la técnica.

La técnica fue desarrollada a partir de la observación cuidadosa de la forma en que tres psicoterapeutas experimentados llevan a cabo sus sesiones, haciendo hincapié en la imitación de las conductas verbales y no verbales.

Esto llevó al comité a abordar el tema del modelado experto en la segunda fase de su trabajo 1987-1989 Descubrimiento del EMDR, según su creadora Francine Shapiro, aunque en ese momento lo denominaba EMD, por no tomar en cuenta el Reprocesamiento.

1985

***Instituto de Terapia Gestalt Región Occidente (INTEGRO).**

En 1985, Sergio X. Vázquez Martínez (fallecido en 2016), Abogado, Psicólogo, Filósofo y Terapeuta, fundó el Instituto de Terapia Guestalt Región Occidente (INTEGRO) apoyado de un grupo de terapeutas y alumnos que interesados en la corriente, decidieron sumarse al proyecto con la finalidad de desarrollar la práctica de la terapia Guestalt como estilo de vida; además de seguir generando profesionistas y multiplicadores con este enfoque.

No fue hasta 1989 que surge el Centro de Atención Psicoterapéutica para la Comunidad Integro (CAPCI) como un modelo pionero, la cual incorpora la terapia humanista, desarrollo personal, conciencia social, ética profesional y calidad humana al servicio de quienes menos recursos tienen, con un modelo educativo-humanista-existencialista.

En 1993, INTEGRO obtuvo el Reconocimiento de Validez Oficial de Estudios (R.V.O.E.) de la Secretaría de Educación Pública (S.E.P.), con la posibilidad de revalidación internacional.

INTEGRO fue reconocido por primera vez en 1999 en la reunión de la Federación Internacional de Organizaciones de Entrenamiento Guestalt (FORGE) en París, recibiendo el nombramiento del Instituto Guestalt más importante del mundo. Posteriormente, recibió el mismo nombramiento en las reuniones de Praga, Republica Checa (2004), San Petersburgo, Rusia (2005), Roma, Italia (2006), Guadalajara, México (2008), Oslo, Noruega (2009) Riga, Latvia (2011) y por último en Ucrania en el 2015. Actualmente INTEGRO cuenta con más de 20 centros de Asesoría y CAPCI`s alrededor de la República Mexicana.

Fuente. http://integro.edu.mx/nosotros

1979

Año en el que Roger Callahan (quien moriría en 2013) descubre el TFT con el caso de su paciente Mary y luego desarrolla esa terapia en la década de 1980.

3.-CONCLUSIONES

En los últimos 5 años, las recientes investigaciones y meta-análisis favorables en gran o menor medida a EMDR, EFT, TFT, PNL y Constelaciones Familiares abonan más a su credibilidad científica, demostrándose que sus efectos positivos no son por efecto placebo. Sin embargo, continúan las controversias en los fundamentos y no hay aún un consenso sólido de aceptar estos tratamientos tal cual como se presentan. Solamente se están destacando elementos o componentes de estos tratamientos, los cuales provienen o se relacionan con otros tratamientos o técnicas ya aceptadas, por ejemplo, de enfoques sistémicos, constructivistas y cognitivo-conductuales.

Algunos suelen decir; «no hay evidencia seria de esa terapia, no es reconocida por la Ciencia». Ya no es válido ni responsable seguir desacreditando estos tratamientos con argumentos o investigaciones de décadas pasadas. A veces, hay discusiones de «ciegos», de profesionales o legos que no han leído completas (o ni conocen) las investigaciones a favor o en contra de tal tratamiento. Hay que remitirse a las investigaciones y a los meta-análisis, sobre todo de los años más actuales. Las cosas han cambiado, las investigaciones han aumentado, los resultados le están dando la razón a algunos de estos tratamientos, aunque aun parcialmente, y en algunas áreas; porque se puede tener la idea equivocada de que cierto tratamiento (con evidencia estudiada) sirve para cualquier cosa, cuando no es así.

Entre más profundicé y descubría más investigaciones, yo mismo más me sorprendía, porque antes por desidia de buscar no conocía algunas de estas investigaciones.

Dentro de ese abanico de tratamientos/terapias/técnicas de la Psicología Energética, las que han sido más estudiadas son el EFT y el TFT. Y la que muestra mayor evidencia, hasta la fecha, incluso en estudios aleatorizados controlados, es EFT. En menor medida, el TFT empieza a despuntar en los estudios. Una de las bases de estos tratamientos (La Acupuntura), ha sido metaanalizada en sus investigaciones, resultando favorables la gran mayoría.

En cuanto a los tratamientos mixtos, el EMDR ha demostrado consolidarse como una técnica con evidencia en los estudios y meta-análisis que se han realizado sobre este, sobre todo para tratar estrés postraumático. Llegando incluso a ser reconocido e incluido por la División 12 de la Asociación Americana de Psicología (APA) en el 2004.

En los 3 casos anteriores, las dudas generadas que impiden el reconocimiento total de esos tratamientos es parte de sus fundamentos que tienen sus técnicas/métodos.

Por ejemplo, la Psicología Energética (que incluye a EFT, TAT y TFT) propugna una energía que ocasiona bloqueos y que circula en el cuerpo humano y que puede incidirse en ella a través de los acupuntos. Dicha energía aún no ha podido ser definida completamente. Se tienen avances en los efectos de los acupuntos, se sabe que en los acupuntos hay una alta densidad de mecanoreceptores, y se ha usado tecnología cerebral contemporánea para saber los efectos de los acupuntos, con resultados prometedores. Sin embargo, aún no hay un consenso del mecanismo exacto. Dice Fang (2009, ver su investigación en este libro): «Los estudios en humanos y animales sugieren que la acupuntura produce muchos efectos beneficiosos a través del sistema nervioso central. Sin embargo, los sustratos neurales de las acciones de acupuntura no están completamente claros hasta la fecha».

A finales de 2019 ya existen más de 100 estudios que demuestran la eficacia menor o mayor de EFT en muchas personas, lo que aún no se sabe es qué lo causa con exactitud, solamente se tienen hipótesis.

Algo similar se puede decir de EMDR, hay multitud de pruebas aleatorizadas y meta-análisis que afirman su eficacia, también se tienen hipótesis.

La diferencia entre EMDR y EFT es que el segundo ha seguido el camino de lo público a lo investigativo; mientras que el primero siguió el camino de la investigación a lo público, de ahí la seriedad con que se ha tomado a cada enfoque en su momento.

Algunas personas y profesionales que han expresado críticas positivas para EFT y el Tapping: Jack Canfield. Tony Robbins. Wayne Dyer. Louise Hay. Deepak Chopra. Dr. Bruce Lipton.Malcolm Gladwell. Margaret M. Lynch. Mark Hyman. Dr. Joe Dispenza; Nick Ortner; Dr. Christiane Northrup; Dr. Mehmet Oz; Dr. Curtis A. Steele; Dr. David Feinstein; Dr. Dawson Church; Susan Heitler, PhD; Peta Stapleton, PhD; Dr. Chuck Gebhardt; Anthony Tranguch, MD, PhD.
https://tecnicasliberacionemocional.com/

Afirma el Dr. Dawson Church (2018):
"EFT ha sido investigado en más de 10 países (Estados Unidos, Australia, India, Argentina, Uruguay, Corea del Sur, entre otros), por más de 60 investigadores, cuyos resultados han sido publicados en más de 20 diferentes publicaciones revisadas. Y la investigación sobre EFT incluye investigadores afiliados a diferentes instituciones".

Continúa Church: «Si bien hay muchas variantes formales e informales de EFT, la forma de EFT validada en más de 100 estudios y conforme a los estándares APA (*American Psychological Association*) se llama Clinical EFT ™.

Los créditos APA de Educación Continua (CE) están disponibles para la formación de psicólogos en Clinical EFT ™.

La capacitación de EFTUniverse Clinical EFT ™ también está acreditada para CE para médicos (American Medical Association), enfermeras, trabajadores sociales, psicoterapeutas y otras profesiones».

Como ya se dijo en la introducción, la Psicología Energética puede resultar de gran utilidad en el trabajo de psicoterapeutas de diferentes orientaciones, que la pueden integrar a su estilo, como lo hace el autor de este libro.

Me parece que queda claro y fuera de duda que las investigaciones y metaanálisis son favorables para la Terapia Gestalt.

La sorpresa para mí, es la poca evidencia encontrada para probar la Gimnasia Cerebral (Brain Gym). No está dicha la última palabra en esto, simplemente falta investigar más.

Desde mi punto de vista, y por lo que he leído en algunos portales de internet y libros, las mejores investigaciones o meta-análisis de cada tratamiento las encuentras en el siguiente año señalado en este libro (sugiero lean la investigación completa):

PSICOLOGÍA ENERGÉTICA: 2020, 2019 y 2012.

EFT (Emotional Freedom Techniques: Técnica de Liberación Emocional, en español): 2019, 2018, 2013 y 2012.

TFT (Thought Field Therapy, Terapia del Campo de Pensamiento): 2017.

TAT (Tapas Acupressure Technique, o sea Técnica de Acupresión de Tapas): 2010.

PSYCH-K: 2012.

ACCESS BARS (Barras de Acceso): 2017.

TERAPIA GESTALT: 2020, 2019 y 1994.

CONSTELACIONES FAMILIARES (CF o FCT): 2018, 2013 y 2005.

PNL (Programación Neurolingüística): 2015.

PSICOTERAPIAS BASADAS EN EL CUERPO: 2014.

EMDR (Desensibilización y Reprocesamiento por Movimientos Oculares, acrónimo, en inglés, de Eye Movement Desensitization and Reprocessing): 2019.

BRAINSPOTTING (BSP, Puntos Cerebrales): 2017.

EMI (Eye Movement Integration): 2018.

COACHING WINGWAVE: 2014.

ACUPUNTURA: 2018, 2012 y 2010.

BRAIN GYM (Gimnasia Cerebral): 2010.

REIKI: 2018.

TEST BI-DIGITAL O'RING DE OMURA (DE VERIFICACIÓN MUSCULAR): 1993.

Lector de este libro, después de que hayas leído responsablemente las investigaciones que aquí se recopilan, espero que tengas una nueva visión sobre los tratamientos mencionados.

Si eres escéptico, habrás visto que estas investigaciones no son «charlatanería», y si eres objetivo y honesto, tendrás que replantear tus posicionamientos.

Si eres creyente, habrás visto que falta todavía investigar más los mecanismos exactos por los cuales funcionan buena parte de estas técnicas, y entiendo tu optimismo por encontrar resultados que en tu quehacer terapéutico ya intuías y te escuchó conocer de muchos pacientes.

Por lo que respecta a mí, respeto las investigaciones y aliento a que se realicen más, cualitativas y cuantitativas, fenomenológicas y experimentales. Así es como avanza la Ciencia.

4.- MÁS FUENTES DE INFORMACIÓN

***Base de datos sobre ingvestigaciones en Terapia Gestalt.**
The Gestalt Psychotherapy Research Database.
Web: https://gestaltresearch.org/bibliography-search
250 investigaciones y estudios sobre Terapia Gestalt.

***InvestIgaciones sobre TFT:**
http://www.tftfoundation.org/research-on-thought-field-therapy
Lista de varias investigaciones realizadas sobre Thought Field Therapy (TFT).

***Más de 100 publicaciones de investigaciones, además de algunos Metaanálisis, sobre EFT:**
https://www.ncbi.nlm.nih.gov/pubmed/?term=emotional+freedom+techniques
https://journals.lww.com/jonmd/Pages/results.aspx?txtKeywords=EFT
https://www.eftuniverse.com/research-studies/eft-research
https://www.researchgate.net/search/publication?q=eft+emotional+freedom+techniques

***Varios Meta-análisis para EFT:**
https://eftinternational.org/eft-science-topics/meta-analysis/

***Investigaciones de Peta Stapleton sobre EFT:**
https://research.bond.edu.au/en/persons/peta-stapleton

***Meta-Analyses, Reviewsand Theoretical Articles EFT:**
https://pdfs.semanticscholar.org/3d91/607fe11fc901adecd12f774540eac20a314f.pdf

The Science behind Tapping: A Proven Stress Management Technique for the ... - Peta Stapleton, Ph.D. - Google Libros:
https://books.google.com.mx/books?id=swBlDwAAQBAJ&pg=PT229&lpg=PT229&dq=peta+stapleton+science+behind+tapping
419&sa=X&ved=2ahUKEwihmrv98q7lAhVBC6wKHRAsAXk4FBDoATAGegQICRAB#v=

Manual EFT de Gary Craig (sexta edición):
https://www.insconsfa.com/docs/eft.pdf

Investigaciones sobre Brainspotting, abstracts y artículos completos:
https://brainspotting.com/about-bsp/research-and-case-studies/

Investigaciones sobre Reiki:
https://www.reiki.group/mod/dataform/view.php?id=67&d=1&edit=-1&lang=es

5.- ACERCA DEL AUTOR

Juan Carlos Martínez Bernal (Colima, México, 13-03-1973). Psicólogo (Licenciatura de 5 años en Universidad de Colima), Terapeuta Gestalt (Maestría en Instituto de Terapia Guestalt Región Occidente INTEGRO Colima 2, 2005-2008, con estudios inconclusos), Diplomado en Constelaciones Familiares (Universidad de Colima-Centro de Soluciones Sistémicas Vinculum Cor S.C. 2007-2008). Además de asistir a conferencias y cursos, junto con el estudio de videos y libros en el aprendizaje autodidacta de elementos de diversas técnicas y enfoques, como Gestalt, EMDR, EFT, Terapias de Energía, PNL, Violencia de Género, Farmacodependencia, y otros más.

La experiencia laboral ha sido desarrollada principalmente en el Centro de Investigación y Seguridad Nacional (CISEN, Secretaría de Gobernación de México); y en el Centro de Reinserción Social (CERESO) de Manzanillo, Colima, México. También, como practicante/voluntario en Centros de Integración Juvenil (CIJ) contra la farmacodependencia; Orientación Vocacional en Universidad de Colima; Docencia en una universidad privada y en 3 Colegios privados.

Activo participante en algunas redes sociales: Twitter (_BERNAL27). Facebook (Juan Carlos Martínez Bernal). YouTube (BERNAL27). Hotmail (BERNAL27000).

Escritor de multitud de artículos divulgativos sobre temas psicológicos y terapéuticos, en webs como www.Mundogestalt.com (2003-2009), y más de 120 posts en Blogger, de 2010 a la fecha (https://Bernal27.blogspot.com).

Contacto con el Autor:
BERNAL27000@hotmail.com

Página de Facebook (*Fans Page* de promociones e información de mis libros):

JC Martínez Bernal

*Autor de otros 23 libros independientes publicados en Amazon, sobre Experiencias y Casos Terapéuticos, Poemas, Tuits, Lecturas terapéuticas, así como Anécdotas personales y psicológicas. Fuente para más información: https://bernal27.blogspot.com/search?q=mis+obras